顾客行为心理学

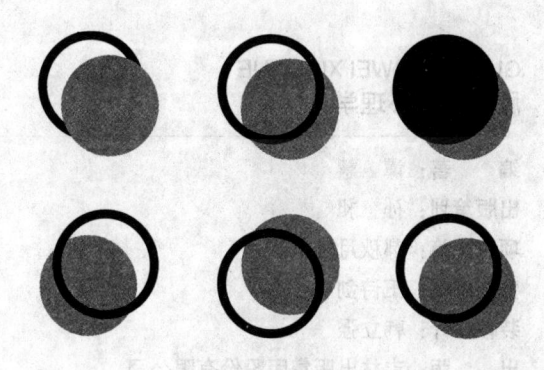

谭慧 / 编著

版权所有　侵权必究

图书在版编目（CIP）数据

　　顾客行为心理学/谭慧编著. -- 长春：吉林出版集团股份有限公司，2019.1
　　ISBN 978-7-5581-2490-7

　　Ⅰ.①顾… Ⅱ.①谭… Ⅲ.①消费心理学 Ⅳ.
①F713.55

　　中国版本图书馆 CIP 数据核字（2019）第 019390 号

GUKE XINGWEI XINLIXUE
顾客行为心理学

编　　著：	谭　慧
出版策划：	孙　昶
项目统筹：	郝秋月
责任编辑：	王诗剑
装帧设计：	韩立强
出　　版：	吉林出版集团股份有限公司
	（长春市福祉大路 5788 号，邮政编码：130118）
发　　行：	吉林出版集团译文图书经营有限公司
	（http://shop34896900.taobao.com）
电　　话：	总编办 0431-81629909　营销部 0431-81629880 / 81629900
印　　刷：	天津海德伟业印务有限公司
开　　本：	880mm×1230mm　1/32
印　　张：	6
字　　数：	118 千字
版　　次：	2019 年 1 月第 1 版
印　　次：	2019 年 7 月第 2 次印刷
书　　号：	ISBN 978-7-5581-2490-7
定　　价：	32.00 元

印装错误请与承印厂联系　　电话：022-82638777

前言 PREFACE

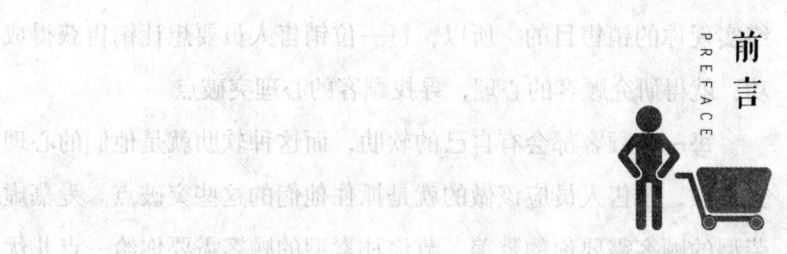

  销售是一场心理的考验，谁能够掌握顾客的心理，谁就能成为销售的王者！销售人员不懂销售心理学，就犹如在茫茫的黑夜里行走，永远只能误打误撞。而优秀的销售人员往往就像一位心理学家，最明白顾客的心声，善于了解顾客的真实想法，懂得运用积极有效的心理影响力，让顾客觉得自己如果不从你这里购买产品就会后悔。不管是潜移默化的影响、善意的引导、平等的交谈，还是巧妙的敦促，优秀的销售人员总是能用自己的能力和魅力，为顾客搭建一个愉悦和谐的平台，让销售变得顺其自然。

  为什么顾客会对你的产品产生兴趣，并最终做出购买产品的决定？在这个过程中，顾客的内心是怎么想的？为什么顾客会相信你这位陌生人，接纳你的建议？为什么顾客会被你说服，改变了自己先前的看法，进而做出有益于你的决定？为什么你的顾客会变成别人的顾客，这个过程中，顾客会有一个怎样的心理变化……这些问题都是销售中要解决的心理问题。顾客所做出的任何购买行为都是由他的心理来决定的，如果你可以洞察并影响顾客心理的话，就可以引导顾客的行为朝你期望的方向前进，最终实现你的销售目的。所以，每一位销售人员要想让销售获得成功，就得研究顾客的心理，寻找顾客的心理突破点。

每一位顾客都会有自己的软肋，而这种软肋就是他们的心理突破点，销售人员应该做的就是抓住他们的这些突破点。爱慕虚荣型的顾客需要你的赞美，节俭朴素型的顾客需要你给一点儿优惠，干练型的顾客怕啰唆，情感型的顾客需要你去感动他们……各种各样的顾客，心理各不一样，你要做的就是针对不同类型的顾客采取不同的销售方法，找到他们的心理突破点，你就能在销售中取得事半功倍的效果。

《顾客行为心理学》从消费者的心理分析、如何抓住消费者的心理需求、销售中的心理策略、销售人员的自我心理修炼等方面出发，深入浅出地对销售心理学做了缜密的逻辑分析和介绍，并汇集了大量相关的销售实战案例，旨在通过这些案例来揭示现实销售活动中的心理规律，让读者能够轻松掌握并应对顾客的心理变化，赢得顾客的心理认同，提升销售业绩，成为销售高手。

了解顾客行为心理学，洞察顾客心理；学习顾客行为心理学，提升顾客行为技巧；掌握顾客行为心理学，赢得顾客青睐；善用销售心理学，增加成功机会。

第一章 DI YI ZHANG
未雨绸缪，了解顾客行为，洞察顾客心理

对于表情冷淡的顾客，要用真情去感化 2

顾客喜欢跟着大多数人的感觉走 5

顾客只关注能给自己带来好处的产品 10

顾客不仅喜欢低价，更热爱免费 16

在对话中判断对方性格 22

对叛逆型顾客实行欲擒故纵的策略 27

第二章　DI ER ZHANG
读懂顾客的肢体语言，就能做好推销

像商品一样，把自己最好的一面展示在顾客面前　32
依凭其他企业的名气赢得信任　36
聆听顾客的抱怨，会有新的发现　38
切中顾客追求的自我重要感　41
真心为顾客着想，才能俘获顾客的心　45
给顾客安全感，让顾客没有后顾之忧　49
抓住最能令顾客心动的卖点，并不遗余力地展示　53

第三章　DI SAN ZHANG
察言观色，看懂顾客没说出口的需求

选取能让消费者产生认同的市场　58
跟着消费者的感觉走，精准推荐合适的产品　62
了解消费者的偏好，才能投其所好　64
人性化产品，打造产品新竞争力　66
捆绑销售，顾客和商家皆大欢喜　69
厂商与渠道商合作时要找到彼此利益的平衡点　72
以消费者需求为导向进行价值定价　75

第四章　DI SI ZHANG
看透顾客的心理账，掌握谈判主动权

要事先熟悉产品信息　80
善用"空间战"，占领"我的地盘"　84
投石问路，逐渐消除对手的戒备心理　88
他在想什么？"举手投足"传答案　91
衡量对方期望值，在行家面前报价不可太高　94
给顾客"一分钱一分货"的实在感　97

第五章　DI WU ZHANG
听懂顾客的言外之意，促成合作

顾客投诉，是对企业抱有期望　104
事件营销：吸引顾客好奇心的拳头武器　107
产品精神是最不为人知的武器　111
任何企图与新闻媒体较劲的行动，最终多半是要吃大亏的　114
面对谣言，主动出击　118
临危不乱，沉着冷静地进行系统的危机公关　124

第六章　DI LIU ZHANG
广告要有的放矢，打动顾客的心

广告定位可以引导消费者的选择性　130

找位，定位，到位，精准满足特定消费群的心理需求　133

亲情广告，温情脉脉地包围消费者的心　137

选择合适的代言人，利用名人效应获取消费者认同　140

第七章　DI QI ZHANG
只有站在顾客的角度，才能感知顾客心理

情感认同激发情绪共鸣　144

表达关切增进彼此好感　147

换位思考，使对方感受到被关切之情　151

产品体验是打消顾客疑虑最有效的方法　156

巧让对方主动说出底牌　159

巧妙拒绝对方的艺术　164

因人而异，量体裁衣　168

把握女性消费的心脉　171

巧妙应对不同性格的顾客　174

第一章
DI YI ZHANG

未雨绸缪,了解顾客行为,洞察顾客心理

对于表情冷淡的顾客,要用真情去感化

正值家电卖场淡季,一位表情严肃的顾客走进某家电销售专区。

销售人员小赵:"先生您好!欢迎光临××家电大卖场,我们正在搞淡季大促销活动,请问您需要购买什么家电?"

顾客看都没看小赵一眼,径直走进家电卖场。

小赵有些尴尬,然后就在距顾客4米远处不时地观察顾客。

顾客看了一会儿,摸了摸一款数码摄像机。

小赵忙上前去:"您要购买相机啊,这款相机正值厂家促销,是今年柯达公司力推的主力机型,1200万像素,防抖功能很好……"

"哦!我随便看看。"顾客打断了小赵的介绍。

过了几分钟,顾客什么也没说就走出了家电卖场。

销售人员笑颜以对,顾客却毫无反应,一言不发或冷冷回答一句"我随便看看",这种场面非常尴尬。这类顾客对销售人员的冷淡往往是出于情感上的戒备,要化解这种戒备,销售人员应该从顾客行为中尝试分析顾客类型,然后利用情感感化法朝着有利于活跃气氛和达成购买的方向引导。

作为销售人员,其实我们每天都能遇到这样的顾客,表情冰

◇ 推销员接近顾客的方法 ◇

顾客对销售人员都有戒备心理，生怕一开始就中了销售人员的圈套，因此他们对销售人员有着非常消极的看法。作为销售人员，你可以尝试从以下几个方面接近顾客：

> 您是给孩子买衣服吗？您看的这款确实不错，适合两岁左右的孩子穿……

1. 找好接近顾客的时机。这个时机往往是在顾客浏览商品的过程中，对其中一件比较感兴趣的时候，此时你可以根据顾客感兴趣的商品因势利导。

> 先让她自己逛逛，等会再给她介绍……

2. 在顾客挑选商品的过程中，不要像盯贼似的跟着顾客，更不要顾客跑到哪里就跟到哪里，不要问一些无关痛痒的话题。

> 我就是随便看看。

3. 在一段时间后要尝试积极引导顾客。如果再次询问顾客时，顾客还是回答"我随便看看"，销售人员就要尽量朝着有利于活跃气氛的方向引导。

冷地进来，说一句"我随便看看"，场面比较尴尬，让你不知道如何是好。其实，接待这种类型的顾客，不外乎以下三种情形：

一是对要买的产品比较熟悉，没必要让销售人员介绍，自己看就行了，顶多讨价还价和支付的时候需要销售人员；二是顾客只是来收集一下所要购买产品的信息，比如要购买的产品到底是什么样子的，各家卖场报价是多少等各种对比信息；三是随便逛逛，看着玩。因此，针对不同的顾客，销售人员应该采取不同的方法来拉近距离，而不是只用一种方法。

很明显，"没关系，您随便看看吧，需要什么帮助叫我一声就行"之类的话是错误的，因为销售人员没有主动去顺势引导顾客需求，从而降低顾客购买产品的可能性。

销售人员可以按照如下模板灵活应对顾客："没关系，呵呵，现在买不买无所谓，在购买之前一定要了解一下产品，做一些对比，才能买到心满意足的产品。这个行业我做了3年啦，我给您介绍一下这些家电吧！"（以专业人士的身份介入。）

面对冷淡型顾客，销售人员的信心常会被对方冰冷的口气摧毁，或者被对方的沉默不语打垮，其销售热情也会降到零点。其实冰冷的口气并不代表顾客是个毫无情感的人，销售人员需要做的就是用情感去感化他们。

顾客喜欢跟着大多数人的感觉走

动物界常常存在这样一种现象：大量的羊群总是倾向于朝同一个方向走动，单只的羊也习惯于加入羊群队伍并随着其运动的方向而运动。

这一现象被动物学家称作"羊群效应"。心理学家发现，在人类社会中，也存在着这样一种羊群效应。

心理学家通常把"羊群效应"解释为人们的"从众心理"。"从众"，指个人受到外界人群行为的影响，而在自己的知觉、判断、认识上表现出符合公众舆论或多数人的行为方式。每个生活在社会中的人都在设法寻求着"群体趋同"的安全感，因而也或多或少地受到周围人的倾向、态度的影响。大多数情况下，我们认为，多数人的意见往往是对的。

顾客在其消费过程中，如果对自身的购买决策没有把握时，会习惯性地参考周围人的意见。通过了解他人的某种定向趋势，为自己带来决策的安全感，认为自己的决策可以优于他人，从他人的成功经验中获益。

让顾客感觉到他"周围的每个人"都存在某种趋势是销售中一个非常有效的技巧。"羊群理论"为我们带来的就是这样一种全新的说服技巧。销售人员在与顾客交流的过程中应当设法让顾客了解他周围的人都存在着某种趋势，并询问顾客"你知道这是

◇ "从众心理"在营销中的应用 ◇

顾客的"从众心理"的存在给了商家营销的机会。

> 这鞋可是某某演员的同款,来买的人可多了!

利用从众心理营造广告效应

商家通过广告不断地向消费者传递诸如"××演员也用我们的产品"之类的广告信息,让消费者觉得所有人都在用我们的产品——你当然不能例外。

利用从众心理激起顾客的好奇心

从众心理能够促使他们想要知道更多——如果听说你的产品或服务在市场上产生了极大的影响,顾客怎么会不想了解详情呢?

> 来这里旅游的人都会选我们的产品,连演员都来买!

由此可见,只要充分利用好"从众心理",商家就能够很好地进行营销,并极有可能取得成功。

为什么吗",从而有效地利用"群体趋同"产生的能量建立自己的可信度。

著有《提问销售法》的托马斯·福瑞斯可以说是将"羊群理论"在销售中运用得得心应手的典范。

1990年,时任KW公司堪萨斯城地区销售经理的托马斯·福瑞斯需要开办一场关于公司CASE工具的研讨会。在尝试各种传统的拜访程序受阻后,福瑞斯想到了"羊群理论":如果整个"羊群"的大部分都倾向于KW公司的CASE工具,其他顾客一定也会想要了解究竟。

于是福瑞斯改变了策略,他不再乞求顾客参加会议,而是让他们知道其他人都会去,并希望他们不会被遗漏在外。

福瑞斯与顾客这样说道:"你好,顾客先生。我叫托马斯·福瑞斯,是KW公司在堪萨斯城的地区经理。很荣幸通知您,我公司将在8月26日在IBM的地区总部召开CASE应用程序开发研讨会,还记得我们给您发过的请柬吗?

"这次出席我们的研讨会的有百事可乐公司、美国运通公司、万事达公司、联邦储备银行、堪萨斯城电力公司、西北寿险公司等公司的研发经理。当然,这些只是名单中的一小部分。坦率地说,我想这次会议的参加人数可能是破纪录的,将会超过100人。我打这个电话是因为我们还没有收到贵公司的同意回复函,我需要确定您不会被遗漏在外。"

毫无意外,福瑞斯的这次研讨会最终取得了"破纪录"的成功。虽然大多数同意前来的顾客都是因为"其他人"也会来，但事实上，当他们来的时候，"其他人"也的确都来了。

在销售过程中，"羊群理论"是一个非常有力的技巧，它可以帮助你建立信用度，同时激发顾客的兴趣。当你对你的顾客说"我只是想确定你不会被遗漏在外"的时候，他一定会好奇自己可能错过什么东西，并且会主动询问进一步的情况。这就是"羊群理论"的微妙之处，它提供给顾客心理上的安全感，并促使他们做出最后决策。

我们应当理解，顾客在面对将要发生的交易时，总是或多或少地存在一些顾虑，尤其是做出重大决定的时候更是如此。而这正是"羊群理论"的价值所在，你因此能够通过激发顾客的好奇心，处理异议，告诉顾客为什么你的产品或服务是最好的。还有就是，当潜在顾客有购买的意愿，但嫌价格贵时，这种方法也非常有效。

销售人员小汪："是刘总啊，您好您好！"

顾客："小汪啊，我上回看中的那辆尼桑，还没人付下订金吧？"

销售人员小汪："哦，那个车，顾客来了都要看上几眼，好车嘛。但一般人哪买得起，这不，它还等着刘总您呢。"

顾客："我确实中意这辆车，你看价格上能否再优惠些，或者我是否有必要换一辆价位低一点儿的？"

（小汪知道，换车只是刘总讨价还价的潜台词。）

销售人员小汪："价格是高了一点儿，但物有所值，它确实非同一般,刘总您可是做大生意的人,配得上!开上它,多做成两笔生意,不就成了嘛。"

顾客:"你们做销售的呀,嘴上都跟抹了蜜似的。"

销售人员小汪:"刘总,您可是把我们夸得太离谱了呀。哦,对了,刘总,××贸易公司的林总您认识吗?半年前他也在这儿买了一辆跟您一模一样的车,真是英雄所见略同呀。"

顾客:"哦,林总,我们谁人不知啊,只是我这样的小辈还无缘和他打上交道。他买的真是这种车?"

销售人员小汪:"是真的。林总挑的是黑色的,刘总您看要哪种颜色?"

顾客:"就上回那辆红色的吧,看上去很有活力,我下午去提车。"

小汪先是赞美顾客,获得顾客的好感,为最后的成交奠定基础;然后,使出"撒手锏":"××贸易公司的林总您认识吗?半年前他也在这儿买了一辆跟您一模一样的车,真是英雄所见略同呀。"看似不经意的一句话,其实是充分利用了潜在顾客的从众心理,通过他人认同影响潜在顾客,促使潜在顾客做出购买决定。

聪明的销售人员应该知道,你的销售策略并不是一味地劝说顾客购买你的产品,而是让潜在顾客了解,你的其他大多数顾客在做出最后决策之前都面临过与他们相似的问题。而你要做的是与你的顾客分享其他顾客成功的经验,从而消除顾客的逆反心理,自然,你的产品就不愁没有销路了。

顾客只关注能给自己带来好处的产品

书店里,一对年轻夫妇想给孩子买一些百科读物,销售人员过来与他们交谈。以下是当时的谈话摘录。

顾客:"这套百科全书有什么特点?"

销售人员:"您看,这套书的装帧是一流的,整套都是这种真皮套封烫金字的装帧,摆在您的书架上非常好看。"

顾客:"里面有些什么内容?"

销售人员:"本书内容是按字母顺序编排,这样便于资料查找。而且每幅图片都很漂亮逼真,比如这幅,多美。"

顾客:"嗯,是不错。不过我还想知道……"

销售人员:"我知道您想说什么!本书内容包罗万象,有了这套书您就如同有了一套地图集,而且是附有详尽地形图的地图集。这对您一定会大有用处。"

顾客:"我是为孩子买的,想让他从现在就开始学习一些东西。"

销售人员:"哦,原来是这样。这套书很适合小孩子的。它有带锁的玻璃门书箱,这样您的孩子就不会将它弄脏,小书箱是随书送的。我可以给您开单了吗?"

(销售人员作势要将书打包,给顾客开单出货。)

顾客:"哦,我考虑考虑。你能不能找出其中的某部分,比如文学部分,让我们了解一下内容?"

销售人员:"本周内有一次特别的优惠抽奖活动,现在买说不定能中奖。"

顾客:"我恐怕不需要了。"

对顾客来讲,"值得买的"不如"想要买的",顾客只有明白产品会给自己带来好处才会购买。在销售时,如果销售人员只把注意力放在销售产品上,一心只想把产品推销给对方,甚至为了达到目的不择手段,这样,失去的可能比得到的更多,因为你可能推销出了一件产品,但从此失去了一个顾客。

这位销售人员给顾客的感觉是太以自我为中心了,好像他需要的就是顾客需要的。他完全站在自己的角度上去认识产品,然后强加于顾客,让顾客感觉:这样的书是你需要的,而不是我需要的。

以上的失败只是源于销售人员的疏忽,他自顾自地说话,没有仔细想一想对方的需求,其实顾客已给过他机会,只可惜他没有及时抓住这样的信息。因此,一场不愉快的谈话所导致的失败结局也就在所难免。

在推销某一产品的时候,销售人员不要只是说明产品的特点,而要强调产品能为顾客带来哪些好处。

张科长:"我10分钟后还有一个会议要开。"

销售人员吴昊:"好的,张科长,我会在10分钟内把更适合贵企业的建议案说完,绝不耽误您的时间。"

"一辆好的配送车,能比同型货车增加21%的载货空间,并节省30%的上下货时间。根据调查显示，贵企业目前配送的文具用品体积不大，但大小规格都不一致，并且顾客多为小型企业，数量多且密集，是属于少量多次进货的形态。一趟车平均要装载50家顾客的货物，因此上下货的频率非常高，挑选费时，并常有误拿的情况出现。如何正确、迅速地在配送车上拿取顾客采购的商品，是提高效率的重点。这点张科长是否同意？"

张科长："对，如何迅速、正确地从配送车上拿出下一家顾客要的东西是影响配送效率的一个重要因素。"

销售人员吴昊："配送司机一天中大部分时间都在驾驶位上，因此驾驶位的设置要尽可能舒适，这是配送司机们一致的心声。"

张科长："另外，车子每天长时间在外行驶，车子的安全性绝对不容忽视。"

销售人员吴昊："张科长说得很对。的确，一辆专业配送车的设计，一定要满足上面这些功能。本企业新推出的××型专业配送车，正是为满足顾客对提高配送效率而专门开发设计出来的。它除了比一般同型货车多了15%的空间外，并设计有可调整的陈放位置，可依空间大小的需要，调整出0—200个置物空间，最适合放置大小规格不一致的配送物，同时能活动编号，凭号码迅速取出配送物。贵企业目前因为受制于货车置货及取货的不便，平均每趟只能配送50个顾客。若使用此种型号的配送车，可调整出70个置物空间，经由左、右门及后面活动门凭编号迅速取出顾客所要的东西。

◇ 推销时应该强调的好处 ◇

在对顾客进行推销的时候,只有充分强调一些好处,才能打动顾客,从而推销成功。那么,推销中应该强调的好处都有哪些呢?

> 这样一来,你可以省下10%的手续费用……

1. 帮助顾客省钱
这是最重要的一点,对于一般顾客来说,都希望能够用最少的钱买到最好的产品。

> 只要买了这个软件,至少保证你们的工作效率提高30%,这样可以省下不少时间……

2. 帮助顾客节省时间
效率就是生命,时间就是金钱。如果我们的产品可以帮顾客节省时间,顾客也会非常喜欢。

> 这个产品的功效您完全可以放心,非常有利于您的健康……

3. 健康
市面上有各种滋补保健的药品,它们抓住了人类害怕病痛与死亡的天性。当顾客相信你的产品能帮他解决此类问题时,他也就有了此类需求。

除此之外,产品的以下好处也能打动顾客:安全感、方便舒适、身份地位的象征、能帮助顾客赚钱等。销售人员在推销时,可根据顾客的关注点,选择一两点着重强调即可。

"配送车的驾驶座,如同活动的办公室。驾驶室的位置调整装置能依驾驶人的特殊喜好而做适当的调整。座椅的舒适度,绝对胜过一般内勤职员的椅子,并且右侧特别设置了一个自动抽取式架子,能让配送人员书写报表及单据,使配送人员能感到企业对他们的尊重。

"由于配送车在一些企业并非专任司机使用,而采取轮班制,因此,车子的安全性方面的考虑更是重要。××型专业配送车有保护装置、缓冲装置等。电脑安全系统控制装置,能预先防止不当的操作给人、车带来的危险。贵企业的配送人员也常有轮班、换班的情形,使用本车能得到更大的保障。"

张科长:"××型专业配送车听起来不错。但目前我们的车子还没到企业规定的淘汰旧车换新车的年限,况且停车场也不够。"

销售人员吴昊:"科长您说得不错。停车场地的问题,的确给许多成长中的企业带来一些困扰。贵企业业务在科长的领导下,每年增长15%。为了配合业务成长,各方面都在着手提升业务效率。若贵企业使用××型专业配送车,每天平均能提升20%的配送量,也就是可以减少目前20%的配送车辆,相对地,也可以节省20%的停车场地。

"贵企业的车子目前仍未达企业规定的使用年限,淘汰旧车换新车好像有一些不划算。的确,若是贵企业更换和目前同型的车子,当然不合理,可是若换用××型专业配送车,不但可以因提高配送效率而降低整体的配送成本,而且还能节省下停车场地的空间，让贵企业两年内不需为停车场地操心。

"据了解，目前贵企业50辆配车中有10辆已接近淘汰旧车换新车年限，是否请科长先同意选购10辆××专业配送车，旧车我们会以最高的价格回购。"

在吴昊充分进行了利益分析之后，张科长同意签订购车合同。

在本案例中，吴昊通过对顾客的调查发现了他们对配送车的需求特征，就是要提高效率。而提高效率的关键点在于顾客配送的东西大小规格都不一致，导致每一辆车的装载量少，装卸速度慢。

在明确了顾客的具体需求后，吴昊便有针对性地说明他们公司所提供的配送车的利益点："它除了比一般同型货车多了15%的空间外，并设计了可调整的陈放位置……同时能活动编号，凭号码迅速取出配送物。"

在顾客说明原来的车还没有到企业规定的淘汰旧车换新车的年限，且停车场也不够时，吴昊更是抓住时机进一步说明使用××型专业配送车的利益点。最后，吴昊根据顾客的实际情况，建议将其中10辆接近淘汰旧车换新车年限的车换成××型专业配送车。

在整个销售解说过程中，吴昊一直牢牢地把握住顾客的需求，并结合自己产品的特性和利益来介绍××型专业配送车，让顾客在利益需求思考下做出购买决定。

根据对实际的销售行为的观察和统计研究，60%的销售人员经常将特点与好处混为一谈，无法清楚地区分；50%的销售人员在做销售陈述或者说服销售的时候不知道强调产品的好处。销售人员必须清楚地了解特点与好处的区别,这一点在进行销售陈述和说服销售的时候十分重要。

顾客不仅喜欢低价,更热爱免费

现在的商家们每天都在绞尽脑汁地思考怎样获取最多的利润,但是,你越想掏消费者的口袋,消费者则越是捂紧口袋,同商家展开猫捉老鼠的游戏。在这个过程中,不少商家消耗了大量的营销费用,收益效果却并不理想。这是为什么呢?

原因很简单,当消费者看出商家贪婪的意图时,自然会本能地产生防备心理,怎么可能轻易打开钱包呢?

这个时候,精明的商家可以停下脚步来,换一个思路,拿出一块蛋糕放在柜台上,悠闲地等待"馋嘴鼠"自己送上门来。而这块蛋糕,就是——免费。

随着经济不断发展,国民的生活水平也在不断地提高,这让我们通常误以为脱离了温饱威胁的人们对免费的兴趣会有所减弱,但事实并非如此。

科学家做过一个调查,调查300名低收入者与300名高收入者从超市所购买的商品。他们发现,低收入者并非只挑便宜的商品,他们也会选择一些价高的实用性商品;而高收入者所购买的商品也并不像想象中那样高端，虽然也有部分高档商品，但是其中也包括了很多打折商品和免费赠送的商品。

这个调查让我们了解到，消费者不仅喜欢低价，更热爱免费。不仅低收入者喜欢免费，高收入者同样喜欢免费。

很多超市、商场常常搞免费赠送、试吃之类的活动，大多数消费者得到赠品之后就离开了。商家看似亏了，但实际上搞这种促销活动的商家每天可以增加8%左右的销量，而这些消费者可能产生的持续购买力所带来的收益会更大。比如销售牛排，消费者原本可能压根就没有购买的计划，但是免费试吃不仅可以打消消费者对产品品质的顾虑，敢于放心购买，同时美味的牛肉也会让消费者产生购买冲动。还有一个比较微妙的因素，那就是，当着人家的面免费吃了人家东西，人家又建议购买时，似乎就有"拿人手短，吃人嘴短"的感觉了，大都不太好意思拒绝。加上如果产品确实不错的话，消费者往往会当场决定购买。

还有就是，消费者在购买商品之前都会衡量一下商品的价值。经比较后被认为是有价值的商品才会被消费者选择，而非最贵或者最便宜的商品。毕竟，即使再富有，也没人愿意被人当作是"大头"，而且往往越是富有的人越善于去计算商品的价值，低收入者则更在意商品的价值，由此导致了两者在购买商品时都会先去衡量商品的价值，而免费的商品无疑是具有绝对价值的。在日常生活中，物美价廉永远是大多数顾客的最优目标。免费的产品和服务对于他们来说不啻于是白捡的诱人蛋糕，又有几个人能抵制得住这种诱惑呢？

有一个周末，小雅去沃尔玛购物。从沃尔玛走出来后，有位西装革履的男士拦住了她："凭您的购物小票，可以到我们的美容院做一次免费美容体验。"

爱美是女孩子的天性，小雅听后抑制不住自己的惊喜，同时也有些担心上当受骗，所以就愣了几秒钟。见状，那位先生非常善意地冲她微笑着说："您别担心，不会要您一分钱的，您长得这么漂亮，唯一的缺憾就是皮肤有点儿干。既然您有沃尔玛的购物小票，我们就可以给您免费做一次护理，让您的皮肤更加水水嫩嫩的。"

就在小雅犹豫之际，那位先生就已经开始很热情地引导小雅进入了旁边的美容院。果然，美容院除了让小雅买了一条一次性小毛巾之外，没有再让小雅出一分钱。在高级温馨的美容室里，美容小姐非常耐心周到地为小雅做了整整一个小时的面膜和按摩。

享受了全套服务的小雅心情无比舒畅地闭眼享受着这种惬意。这时，美容小姐一边给她按摩，一边轻轻地对她说："实际上，刚才给您做的美容项目，如果不继续做下去是不会有效果的。由于刚才给您做按摩时使用的是价值上百元的精油，所以我们也做好了亏本的准备了……"

小雅听后，不免有些愧疚，毕竟免费享受了如此贴心的服务，心里难免过意不去，不由兴起了报答这位美容小姐的念头：如果再光顾几次，应该可以补偿这种心理亏欠了。于是，小雅在美容小姐的引导下办了这家美容店的会员卡。

从那以后,小雅每次去这家美容店的时候,都会被引导着购买各种化妆品或是做各类美容护理。小雅虽然很心疼这些哗啦哗啦花出去的钞票,但仍自我安慰:"如果花钱可以变漂亮的话,还是挺划算的,再说美容小姐人又那么好。"在这种心态下,小雅不断光临该美容店,最终花费了好几万块钱。

现在,整个社会已经被"免费"所萦绕,免费营销比以往的营销手段更强烈地吸引着消费者,各类免费产品、免费服务以及免费体验蜂拥而至。怎样才能让免费营销真正有效,将免费营销的午餐,做成一席皆大欢喜的盛宴呢?

一、副产品免费带动主产品销售

比如充话费送手机,苹果公司在推出 iPod 时也用了这一招,他们用副产品免费提供音乐下载来促销 iPod,结果使 iPod 全球热卖。其实,iPod 昂贵的价格早已使其提供免费音乐来促销的成本可以忽略不计。

二、零首付形式的"免费"

这种方式类似于分期付款,消费者可通过信用担保,以零首付的方式购买商品,然后再分期偿还。虽然消费者一时不用付款,但是累计支付的金额远高过一次性付款的金额。因为分期付款,每次还款时看着款项都不高,压力也不大,所以受到欢迎。而不用付费就可以马上拿到心仪的商品,这样可以极大地刺激消费者,进而冲动消费,这对于一些价格昂贵的商品可谓是一个使

◇ 有效的免费营销手段 ◇

免费营销并不是说只要免费就可以吸引顾客，还要做到在吸引顾客的同时达到营销的目的，下面介绍两种最常见的免费营销手段：

使用某某牌洗衣液
洗衣效果更佳

1. 用免费吸引人气

企业为消费者提供免费产品或服务，消费者在受益的同时，成为广告的接收者或传递者，最终促进收费产品销售。

2. 互利免费

比如百事可乐公司则与电玩制作公司合作，推出了一款《百事超人》的游戏，作为购买饮料的附赠品或奖品免费送给顾客，年轻人在有趣的游戏中无形接收了各种百事可乐的广告信息。

这上面有一款游戏，您可以按照网址免费下载……

消费者冲动消费的好方法,如高档手机、笔记本电脑等。

三、由免费衍生收费

现在很多娱乐场所都会在某些时候采取一种策略,使多位顾客光顾,其中一名顾客可以免票或减去相关费用。比如游乐园对儿童免门票,吸引的自然是带着儿童的父母。不过很多采用此种免费策略的商家手段单一,方法僵硬,使消费者一眼就识破其伎俩,产生反感,因此效果不佳。

四、免费产生消费

先免费提供商品,然后通过商品的副产品消费或提供的服务获利。比如美国很多电动车生产企业为了拓展市场,推出电动车免费赠送的营销活动,消费者只要签订一份使用协议就可以不花一分钱把最新型的电动车开回家,但是,该企业的电动车只能到该厂特设的充电站去充电。当电池寿命耗尽时,也只能去厂家更换配套的电池。该企业电动车免费了,之后依靠价格较高的电池与充电费用赚钱。这种方式可行吗?事实证明,企业第一年收回成本,第二年就开始盈利,并且因此迅速地打开了大家一直在犹豫观望的电动车市场。

五、免费转嫁

比如通用汽车下属的一家4S店曾经出色地搞过一次消夏赏车晚会。组织者找到一家啤酒厂、一家汽车装饰美容店、一家地产公司进行合作,举行喝啤酒大赛与汽车知识问答比赛。啤酒厂提供饮品,汽车装饰美容店提供奖品,地产公司则负责前期的宣传品印制与邮寄工作，同时共享了地产公司与汽车4S店相同的顾客资源。各合作企业都可以在现场摆放展板、发放宣传品和优惠券，同时又获得在电视台与广播电台曝光的机会。整个活动，这家4S店花费不到千元，却办得红红火火，热情地招待了消费者，同时也大做了一次广告，皆大欢喜。

六、通过免费获得综合收益

比如在美国，Google采用了一种为使用者免费提供电话查号的服务，让美国的用户不再需要花钱去查号，只要在Google上就可以免费快捷地查到号码，用户数量多到惊人。而Google不仅仅收获了由大量点击率带来的广告收益，更重要的是获得了价值上千万美元的数据资料，这些数据资料是Google下一步进军手机语音搜索市场所必需的。

在对话中判断对方性格

任何一种顾客的性格都要在我们进行分析后才会得出结论，分析来源于资料，资料来源于聆听。

许多销售人员把"你希望别人怎样待你，你就怎样对待别人"视为推销的黄金准则。问题是，销售人员的性格和处事方式并非与顾客完全一样，销售人员按照自己喜欢的方式对待顾客，有时会令顾客不愉快，从而给销售带来阻碍。销售人员按照顾客喜欢的方式对待顾客，才会赢得顾客的喜欢。

销售人员在面对一位潜在顾客时，必须清楚地了解自己和顾客的行为方式是什么，使自己的行为恰如其分地适合顾客的需要。销售人员要学会用顾客希望的方式与之交往，要学会用人们希望的方式向他们推销产品，要学会调整自己的行为、时机选择、信息、陈述以至合适的成交方式，以便使自己的行为适合对方。

所以，在销售沟通过程中，要求销售人员及时分析顾客的性格。一般情况下，我们可以将顾客的性格特征和行为方式按照做事的节奏和社交能力分为四种类型，并分别用四种动物来表示：

一、老鹰型的性格特征

老鹰型的人做事爽快，决策果断，通常以事实和任务为中心，他们给人的印象是不善于与人打交道。这种人常常会被认为是强权派人物，喜欢支配人和下命令。他们的时间观念很强，讲求高效率，喜欢直入主题，不愿意花时间同人闲聊，讨厌自己的时间被浪费。所以，同这一类型的顾客长时间交谈有一定难度，他们会主动对事情提出自己的看法。

由于他们追求的是高效率，时间观念很强，所以，他们考虑的是他们的时间是否花得值；他们会想尽办法成为领先的人，希望具有竞争优势，向往"第一"的感觉；他们需要掌控大局，往往是领袖级人物或想象自己是领袖级人物；对他们来说，浪费时间和被别人指派做工作，都是难以接受的。

二、猫头鹰型的性格特征

这类人很难让人看懂,做事节奏缓慢。他们在交流中音量小,而且往往处于被动的一方,不太配合对方的工作。如果对方表现得很热情,他们往往会难以接受。

他们喜欢在一种自己可以控制的环境下工作,习惯于毫无创新的守旧的工作方式。他们需要与人建立信任关系。个人关系、感情、信任、合作对他们很重要。他们喜欢团体活动,希望能参与一些团体,而在这些团体中发挥作用是他们的梦想。另外要注意,他们不喜欢冒险。

三、鸽子型的性格特征

该类人友好、镇静,做起事来显得不急不躁,讲话速度往往适中,音量也不大,音调会有些变化。他们是很好的倾听者,也会很好地配合对方。他们需要与人建立信任关系。他们喜欢按程序做事,且以稳妥为重,即使要改革,也是稳中求进。他们往往多疑,安全感不强,在与人发生冲突时会主动让步,在遇到压力时会趋于附和。

四、孔雀型的性格特征

孔雀型的人基本上也属于做事爽快,决策果断的人。但与老鹰型的人不同的是,他们与人沟通的能力特别强,通常以人为中心,而不是以任务为中心。如果一群人坐在一起,孔雀型的人很容易成为交谈的核心,他们很健谈,通常具有丰富的面部表情。他们喜欢在一种友好的环境下与人交流。社会关系对他们来讲很

◇ 孔雀型顾客的消费特点 ◇

不同的顾客有不同的消费特点，只有根据他们的特点进行相应的推销才能事半功倍。那么，孔雀型顾客在消费时有什么特点呢？

> 这台是1.5匹的，适合在卧室使用，而且采用……

孔雀型的人做决策时不关注细节，往往凭感觉做决策，而且速度很快。研究表明，三次接触就可以使他们下定决心。

> 这是最新添加的功能……

同时，他们也喜欢有新意的东西，那些习以为常、没有创意、重复枯燥的事情往往让他们倒胃口。

销售人员可以根据上面两点来制定销售策略，这样应对孔雀型顾客时才更容易推销成功！

重要。他们给人的印象一般是平易近人、朴实、容易交往。

在销售过程中，我们可以依靠对方的声音要素和做事的方式来进行性格判断。但如果是第一次与顾客交流，可能对顾客的做事方式了解得还不够，所以，声音要素就成了我们在第一时间判断顾客性格特征的重要依据。

怎样判断对方讲话的速度是快还是慢，声音是大还是小呢？一般来说，老鹰型的人和孔雀型的人讲话声音会大些，速度会快些，而鸽子型和猫头鹰型的人则相反。所以，通过对方讲话的速度和音量可以判断出他是属于老鹰型和孔雀型的人，还是鸽子型和猫头鹰型的人。

对方是热情还是有些冷淡？对方在讲话时是面无表情呢，还是眉飞色舞？对方是否友好？一般来说，老鹰型和猫头鹰型的人在交流中会让人觉得有些冷淡，不轻易展示热情，销售人员可能会觉得较难与其打交道；而孔雀型和鸽子型的人则友好、热情。

通过对话交流识别了顾客的性格特征之后，我们应该尽可能地配合顾客的性格特征，然后再影响他。举例来说，如果顾客的讲话声音很大，我们也要相应提高自己的音量；如果顾客讲话很快，我们也要相应提高语速。然后，我们再慢慢恢复到正常的讲话方式，并影响顾客也将音量放低或将语速放慢。

对叛逆型顾客实行欲擒故纵的策略

想一想，作为消费者，当有人向我们强行推销某种商品的时候，我们会不会很反感，第一反应便是拒绝。而作为销售人员，当我们向顾客推销的时候，有时候是怎么说他们都不肯买，而当我们决定不卖的时候，他们反而追着要买。这种情况时有发生，到底为什么？

这就是逆反心理在起作用。人们不会拒绝自己主动改变，但大多数情况下一定会拒绝被别人改变。

一般情况下，人们做任何事情都会有自己最初的理解和想法，也会通过自己分析、判断做出决定和选择，在这个过程中，一切都是自主的，因为没有人会希望受到别人的指使或限制。所以，当有人想要改变一个人的想法、决定或要把他的意念强加给这个人的时候，就会引起此人强烈的逆反心理。在这种心理的促使下，他会采取相反的态度或者言行，以保证自我的安全及维护自尊。在心理学中，逆反心理是人们的一种自我保护，是为了避免自己受到不确定因素的威胁而树立的一种防范意识。

在日常生活中，逆反心理几乎是每个人都有的，差别只在于逆反程度的不同。在销售过程中，销售人员在大多数的情况下都会触发顾客的逆反心理，即销售人员越是苦口婆心地推荐产品，顾客就越会拒绝；销售人员想要卖掉产品的欲望越强，顾客的逆反心理就越强。

例如，在实际销售中，有很多销售人员为了尽快签单，往往采取穷追猛打的策略，一味地介绍产品，劝导顾客购买，以为通过密集轰炸就可以搞定顾客，却不知道这恰恰会起到相反的作用，使顾客产生逆反心理，打定主意不购买。我们知道，在与销售人员接触的时候，顾客常常怀有戒备之心，如果此时只是一味强调己方产品如何好、如何实用等信息，顾客反而会更加警惕，因为害怕受骗而拒绝接受。

相反，当顾客的兴趣点或心理需要得不到满足的时候，反而会更加刺激他想要得到的欲望。越是得不到的东西，人们往往越想得到；越是不能接触的东西，人们反而越想接触；越是需要保密的事情，人们也会越想知道。

某售楼中心的推销员小邵，负责推销A、B两套房子。一天，有个顾客前来咨询，并要求看看房子。而这时小邵想要售出的是A套，在带顾客去看房子的同时，他边走边向顾客解释说："房子您可以先看看，但是A套房子在前两天已经有位先生看过并预订了，所以如果您要选择的话，可能就剩下B套了。"

这样说过之后，在这位顾客的心里会产生这样一种想法，那就是："既然已经有人预订A套房子，就说明A、B两套房子相比，A套比较好一些。"有了这样的心理，在看过房子以后，顾客更加觉得A套房子好，但是既然已经有人预订了，只能怪自己来得太晚了，于是顾客带着几分遗憾离开了。

◇ 顾客逆反心理的表现形式 ◇

在具体的销售过程中,顾客逆反心理一般有以下几种表现形式:

> 可是我觉得这个颜色太老了!

> 这件衣服非常适合您,很衬肤色。

1. 反驳

这是在顾客身上最常见的逆反心理的表现。顾客往往会故意地针对销售人员的说辞提出反对意见,让销售人员知难而退。

2. 断然拒绝

在销售人员向顾客推荐时,有的顾客会坚决地说:"这件商品不适合我,我不喜欢。"

> 不用向我推荐,我自己看看就好!

> 你说的这些我都知道,这个产品还有什么特别的吗?

3. 高人一等的作风

不管销售人员说什么,顾客都会以一句"我知道"来应对。这样的顾客往往会给销售人员带来很大的压力。

过了两天，推销员小邵主动打电话给前两天来看房子的顾客，并兴高采烈地告诉他一个好消息："您现在可以买到A套房子了。您真是很幸运，因为之前预订A套房子的顾客因为资金问题取消了预订，而当时我发现您对这套房子也比较喜欢，于是就先给您留下了。您看，还需要购买吗？"

顾客听到这样的消息，十分高兴，有一种失而复得的感觉。既然机会来了，就一定要把握住，于是他迅速地与推销员小邵签了这份单子。

销售人员应紧紧抓住逆反心理强烈的顾客这一鲜明的心理特征，根据实际情况对自己的销售策略及沟通方式做一些调整，利用顾客的逆反心理达到销售的目的。

优秀的销售人员会第一时间察觉顾客的逆反心理，从而不着痕迹地结束自己滔滔不绝的介绍，改变销售策略，从照顾顾客的感受开始，让顾客的心理得到放松，从而提高销售成功的概率。

第二章
DI ER ZHANG

读懂顾客的肢体语言,就能做好推销

像商品一样，把自己最好的一面展示在顾客面前

优秀的销售人员在与他人分享自己的经验时，总会说到这样的话："销售产品，首先是销售你自己。""销售就是销售自己。"

"形象就是自己的名片。"给顾客留下的第一印象，决定了一个销售人员能否让顾客接受并购买产品。对于销售人员来说，个人的形象十分重要，要想销售产品，首先要将自己推销给顾客，只有顾客接受了你，他才会考虑你的产品。

销售人员的外表和修饰在顾客心目中会直接影响所销售产品本身的质量。销售人员作为产品与顾客之间的纽带，其外形和举止是决定顾客是否购买的关键因素，因为让顾客满意就等同于顾客的"安心"需求得到满足。

在留给顾客的第一印象中，衣装的决定作用高达95%。当销售人员穿着得体、修饰恰当、皮鞋锃亮，是一个专业的职业形象时，顾客会第一时间下意识地判断这个销售人员的背后是一个优秀的公司，且其具备优质的产品或服务。守时、礼貌、准备充分的行为同样会给顾客留下积极的印象。这些好的印象会像光圈一样扩展到销售人员所销售的产品或服务上。

相反，如果一个销售人员衣着邋遢、不修边幅，或者有迟

到、举止轻率、动作散漫等行为,"所看即所得"的印象会让顾客对其充满质疑。顾客会自然地认为销售人员所在的公司是一家二流甚至三流的公司,提供的产品或服务也不会好到哪里去。

  吴坤刚来公司时和一般人一样,都是从普通的业务员做起。为了工作需要,公司统一发了一套西服,但需交服装押金300元。由于他刚毕业,这又是第一份工作,手头比较紧,而且他嫌西服过于正式,干脆就不穿西服了。吴坤平时喜欢穿休闲装,他觉得,一个男人穿着西服,却骑着一辆自行车,简直不伦不类。所以,上门谈业务时,他没有按公司的要求,而是一如既往地穿着一身休闲装;同时,他也不太在乎顾客的感觉,说话大大咧咧,行为举止显得十分不雅。因此,虽然他每天出入于写字楼和高档宾馆做业务,但几个月下来,一项业务也没有做成。

  一天,当吴坤敲开一家顾客的门时,女主人在门缝里对他说:"你来晚了,他带着孩子到河边去了,你到那里去找他吧。"吴坤一听就特别不高兴,这种情绪马上表现在脸上,他刚想发挥口才,但门已关上了。

  当吴坤扫兴地走下台阶时,一个女孩儿冲他打招呼:"嗨!能陪我打一会儿网球吗?"

  反正业务也吹了,有人约打球也能解解闷儿。吴坤与女孩儿打了三局,女孩对他的球技非常欣赏。谈话中,吴坤告诉她自己是某公司的业务员,运气不好,一直未能说服顾客。

  女孩儿问吴坤:"你平时也穿休闲装与顾客谈业务吗?"他点

◇ 向顾客展现最好的一面 ◇

只有把自己最好的一面展现在顾客面前,才能以最快的速度吸引顾客,并取得他的好感。那么,如何向顾客展现自己呢?

1. 穿得像个专业人士

同样是推销一种产品,你愿意相信一个衣衫褴褛的人所说的话,还是愿意相信一个衣冠楚楚的人所说的话?很明显是后者。因为穿着整齐的人更能让我们赏心悦目,而且感觉更值得信任。

2. 谈吐优雅

使自己表现得像一个优雅的教授,这可能会为你赢得更多信任。因为优雅的谈吐会给人以更加可靠、专业的感觉。

> 这个人的谈吐不错,说得很有道理。

谈话时,外在感觉可能比实际内容更容易被顾客接收到。所以,要在自己的形象上做文章,给顾客一个好的感觉。

点头。女孩儿背起球拍对吴坤说:"只有在网球场上我才理你。如果你是这样的脸色、行为举止以及这身打扮到我家谈业务,我也不会理你！"

真是这样吗？第二天，吴坤改变习惯，换上了一套西服，礼貌地再次敲响顾客的门。这次还真的成功了！从此，他开始注重自己的仪表，业务进展很快，一年后便当上了部门经理。

当然，印象的形成不单单只靠外表，表情、动作、态度等也非常重要。即使你长得不是很漂亮，只要充满自信，态度积极诚恳，同样会感染、感动顾客。

日本著名的销售大师原一平先生根据自己50年的推销经验，总结出了"整理服饰的8个要领"和"整理外表的9个原则"。

整理服饰的8个要领：

（1）与你年龄相近的稳健型人物，他们的服装可作为你学习的标准。

（2）你的服装必须符合时间、地点等因素，自然而大方，还得与你的身材、肤色相搭配。

（3）衣着穿得太年轻的话，容易招致对方的怀疑与轻视。

（4）流行的服装最好不要穿。

（5）如果一定要追赶流行，也只能选择较朴实无华的。

（6）要使你的身材与服装的质料、色泽保持均衡状态。

（7）太宽或太紧的服装均不宜，大小应合身。

（8）不要让服装掩盖了你的优秀素养。

整理外表的9个原则：

（1）外表决定了别人对你的第一印象。

（2）外表会显现出你的个性。

（3）整理外表的目的就是让对方看出你是哪一类型的人。

（4）对方常根据你的外表决定是否与你交往。

（5）外表就是你的魅力表征。

（6）站姿、走姿、坐姿是否正确，决定你让人看起来顺不顺眼。不论何种姿势，基本要领都是脊椎挺直。

（7）走路时，脚尖要伸直，不可往上翘。

（8）小腹往后收，看起来有精神。

（9）好好整理你的外表，会使你的优点更突出。

依凭其他企业的名气赢得信任

与顾客初次沟通时，可以依凭顾客比较信任的企业，与顾客拉近关系。

电话销售人员："您好，是张总吗？"

顾客："是的，有什么事情？"

电话销售人员："您好，张总，我是广州广交会顾客服务部的王飞，前几天您刚参加过我们的广交会，今天打电话过来是为了感谢您对我们工作的支持，同时也有一份小礼品要送给您！这份小礼品是订房优惠卡，因为每次广交会期间订房都非常困难，所以为了顾客的方便，我们特意送出这份礼物，希望您能喜欢。我

◇◇ 巧凭 "东风" 的注意事项 ◇◇

在运用巧凭"东风"这个方法时，以下几点要注意：

> 这个产品是我们和A企业共同推出的，有A企业这样的大品牌，您大可放心……

1. 依凭对象必须是与本企业合作的、知名的企业，并且是能够让顾客信任的企业。

> 我们是开发软件的，A企业是软件服务公司，所以我们的产品售后是A企业负责，您应该放心了吧？

2. 依凭对象必须与自己公司销售的产品有密切关系。

> 您好，这里是A产品售后回访，您有什么问题可以直接告诉我们，也可以拨打B企业售后电话，因为这款产品是我们两家共同推出的……

3. 以顾客服务回访的方式进行"依凭"一般比较有效。

会以邮寄方式寄给您,请问您的地址是……"

顾客:"××市××区……"

电话销售人员:"谢谢!顺便说一下,这张卡是广交会顾客服务部与××公司合作共同推出的,所以我会通知他们马上邮寄给您。我相信您很快就可以得到它。再次感谢您!"

在接通电话时,最忌讳的是一开口就推销产品,这样成功的机会少之又少。因为初次打交道,人们最直接的反应就是对销售人员的不信任。要消除这种不信任,销售人员可采用借"东风"的策略。

在三国时,**诸葛亮能在赤壁之战中一把火烧掉曹操几十万大军,借用的就是东风。**如果电话销售人员能够敏锐发现身边的"东风",并将之借用,往往能起到"四两拨千斤"的效果。所谓借"东风",就是指借用顾客比较信任的企业的信誉,拉近与顾客的距离,从而巧妙地把自己销售的产品与要借力的企业联系在一起,顾客就很难拒绝。案例中,电话销售人员就是借用了"广交会服务部"这个"东风"而获得成功的。

聆听顾客的抱怨,会有新的发现

俗话说:"伸手不打笑脸人。"我们不难联想到自己工作、生活中的一些场景,比如,当领导发火时,赶紧主动道歉,将责任

◇ 顾客在抱怨什么 ◇

顾客的抱怨一般来自以下两个方面。

> 这是什么态度？对顾客连理都不理？

1. 对销售人员的服务态度不满意

比如有些销售人员在介绍产品的时候并不顾及顾客的感受和需求，有看不起顾客的现象等。

> 你们不是保修一年吗？我的电视刚买了三个月就坏了，打电话你们也不去维修！

2. 对产品的质量和性能不满意

有些顾客发现产品与广告存在差距，就会产生不满。还有一些产品的售后服务不到位或价格虚高都会成为顾客抱怨的诱因。

面对顾客的抱怨，销售人员应该记住，微笑和真诚永远是解决问题的最好方式。微笑多一些，态度好一些，解决问题的速度快一些，就会圆满解决问题。

全部揽到自己身上；自己爽约了，见面马上道歉，并想办法让对方开心，你笑脸待人，对方还忍心向你"开枪"吗？

微笑和真诚是影响顾客情绪的重要因素，可以化顾客的怒气为平和，化顾客的拒绝为认同。

在销售过程中，顾客的情绪往往是变化无常的，如果销售人员不注意，则很可能会由于一个很小的动作或一句微不足道的话，使顾客放弃购买，导致之前付出的一切努力都付诸东流。尤其是面对顾客对于产品的价格、质量、性能等各个方面的抱怨，如果销售人员不能够妥善地处理，将会给自己的工作带来极大的负面影响，不仅仅影响业绩，还可能会影响公司的品牌。

所以，学会积极回应顾客的抱怨，温和、礼貌并真诚地对顾客做出解释，消除顾客的不满情绪，让他们从不满到满意，相信销售人员收获的不仅仅是这一次的成交，而是顾客长久的合作。

面对顾客的抱怨或不满，销售人员要先解决自己的心态问题，认识到问题的本质。也就是说，应将顾客的抱怨当成不断完善自身从而做到最好的机会和指导。顾客为什么会对我们抱怨？这是每一个销售人员应该认真思考的问题。其实，顾客的抱怨在很大程度上是来自于期望，对品牌、产品和服务都抱有期望，当发现与期望中的情形不同时，就会促使抱怨情绪爆发。不管面对顾客什么样的抱怨，销售人员都要做到保持微笑，认同顾客，真诚地提出解决方案。这样，不但不影响业绩，相反会使业绩更上一层楼。

情绪管理是每一个人都应该必修的课程，对于从事销售的人尤其如此。面对顾客的抱怨，销售人员首先需要做的就是控制情绪，避免感情用事，即使顾客的抱怨是鸡蛋里挑骨头，甚至无理取闹，销售人员都要控制好自己的情绪，回顾客以真诚的笑容，用温和的态度和平静的语气进行解释。解释之前一定要先对顾客表示歉意和认同，这就是继控制情绪之后的第二个步骤：影响顾客的情绪，化解他的不满。

在面对顾客的抱怨时，销售人员最忌讳的是回避或拖延问题，要敢于正视问题，以最快的速度予以解决。要站在顾客的立场思考问题，并对他们的抱怨表示感谢，因为他们帮助自己提高了产品或服务的质量。

化干戈为玉帛，化抱怨为感谢，化质疑为信赖。这样，抱怨的顾客反而很可能会成为你永远的顾客。

切中顾客追求的自我重要感

小张和小孟是同一家公司的销售人员，两人销售同一种产品，而且恰巧同时面对一个顾客销售。小张销售时一直很专业地介绍自己的产品，却无法被顾客喜欢和接受；而小孟大部分时间在与顾客闲聊，并不时向顾客请教一些问题，适当地表示感谢，对产品的介绍仅仅是一带而过，结果是小孟当场成交。为什么会这样？

这就是自我重要感。顾客真正需要的并不仅仅是商品本身，更重要的是一种满足感。

为什么小张不被顾客欢迎？是因为他一直在滔滔不绝地介绍自己的产品，而忽略了对顾客起码的尊重和感谢。而小孟始终对顾客恭敬有礼，不时地请教和感谢让顾客受到了足够的重视，给顾客一种自己很重要的感觉，从而使顾客被重视的心理得以满足，于是很自然地从情感上对小孟也表示了认同，促成了这笔交易。

顾客选择购买的原因，从心理学的角度分析，是希望通过购买商品和服务而得到解决问题的方案及获得一种愉快的感觉，从而获得心理上的满足。所以，可以这样说，顾客真正需要的除了商品，更是一种心理满足，心理满足才是顾客选择购买的真正原因。

劳尔是铁管和暖气材料的推销商，多年来，他一直想和某地一位业务范围极大、信誉也特别好的铁管批发商做生意。

但是由于那位批发商是一位特别自负、喜欢使别人发窘的人，他以无情、刻薄为荣，所以，劳尔吃了不少苦头。每次劳尔出现在他办公室门前时，他就会吼叫："不要浪费我的时间，我今天什么也不要，走开！"

面对这种情形，劳尔想，自己必须改变策略。当时劳尔的公司正计划在一个城市开一家新公司，而那位铁管批发商对那个地方特别熟悉，在那地方做了很多年生意。于是，劳尔稍加思考，又一次去拜访那位批发商，他说："先生，我今天不是来推销东

◇ 尊重顾客 ◇

尊重顾客并不仅仅是要为每位顾客提供周到的服务，它包含了很多方面。现将这些具体的内容介绍如下，它可以告诉你在销售中怎样才能真的做到尊重顾客。

> 您好，我是某某公司的业务员……

1. 尊重开始于礼貌

你想表现出对顾客更加尊重，那么就先从礼貌开始，用礼貌的方式对待他们。

> 您好，我想在明天去拜访您，您觉得什么时间去比较方便呢？

2. 尊重顾客的时间和空间

商业领域的人们都非常重视时间观念。尊重顾客的时间也可以为自己节省更多的时间。

> 对于这些理论性的东西，你们女性一般不太懂，我重点给您说一下……

3. 尊重顾客的文化、种族、职业和性别

销售中要学会"察言观色"，还要学会"平等对待"。这是对人们的差异的尊重和认同。

不要认为你对顾客的尊重是无意义的，你想要留住更多的顾客就要尊重你的每一位顾客。顾客当然更愿意和一个懂得尊重别人的销售人员建立良好的顾客关系。

西,是来请您帮忙的,不知您有没有时间和我谈一谈?"

"嗯……好吧,什么事?快点儿说。"

"我们公司想在××地开一家新公司,而您对那地方特别了解,因此,我来请您帮忙指点一下,您能赏脸指教一下吗?"

听得此言,那批发商的态度与以前简直判若两人,他拉过一把椅子给劳尔,请他坐下。在接下来的一个多小时里,他向劳尔详细地介绍了那个地方的特点。他不但赞成劳尔的公司在那里开设新公司,还着重向他说了关于储备材料等方面的方案。他还告诉劳尔他们的公司应如何开展业务。然后扩展到私人方面,他变得特别友善,并把自己家中的困难和夫妻之间的不和也向劳尔诉说了一番。

最后,当劳尔告辞的时候,不但口袋里装了一大笔初步的装备订单,而且两人之间建立了友谊,此后两人还经常相约一块去打高尔夫球。

心理学家弗洛伊德说,每一个人都有想成为伟人的欲望,这是推动人们不断努力做事的原始动力之一。因为渴求别人的重视,是人类的一种本能和欲望。渴望被人重视,这是一种很普遍的、人人都有的心理需求,我们每个人都在努力往高处爬,希望得到更多的利益和更重要的地位,希望得到别人的尊重和喜欢。没有一个人愿意默默无闻,不为人知。

重要感更存在于消费者的消费心理中,特别是在生存性消费需要得到满足之后,顾客更加希望能够通过自己的消费得到社会的承认和重视。敏锐的销售人员已经意识到，顾客的这种心理需求正好给销售人员推销自己的商品提供了一个很好的突破口，销售人员可以通过刺激顾客的自我重要感来促成顾客的购买行为。

与寻求重要感相对的，是害怕被人轻视的心理。销售人员要仔细观察，适当地通过反面刺激，也会达到欲扬先抑的效果。所以，在销售过程中，销售人员适度地说一些反面的话来刺激顾客的自尊心，从而引发他产生自我重要感，可能会促使顾客一狠心买下更贵的产品以显示自己的地位。

真诚地尊重顾客，给他们重要感，是打开对方心门的金钥匙。销售人员要永远都让顾客感受到自己的重要，多给顾客一些关心和理解，对顾客的尊重和付出，会得到顾客同样甚至更多的回报。

真心为顾客着想，才能俘获顾客的心

有这样一个故事，一个盲人，在夜晚走路时，手里总是提着一个明亮的灯笼，人们很好奇，就问他："你自己什么都看不见，为什么还要提着灯笼走路呢？"盲人说："我提着灯笼，为别人照亮了路，同时别人也更容易看到我，不会撞到我。这样既帮助了别人，也保护了我自己。"作为销售人员，看到这个故事，你有什么感受？

销售人员提升业绩的诀窍并不是"以盈利为唯一目的"，而

◇ 学会为顾客着想 ◇

没有人愿意拒绝他人真诚的帮助。为顾客着想是销售的最高境界，因为只有让顾客自己发现你是在为他着想时，他才会愿意与你合作。

> 两位女士可以一起买，两件以上我们可以打八折，比你们单买划算多了！

帮助顾客省钱

买到物美价廉的商品是每一个顾客的愿望，所以，在为顾客推销的时候，应该本着为顾客省钱的想法进行推销。

为顾客提供方便

方便，是现在人们越来越关注的一个方面，所以，在推销的时候要时刻注意，为顾客提供方便的服务、销售和售后。

> 我们提供免费清洗服务，而且在我们任何一家店里都可以，您可以就近选择一家店面，非常方便。

所以，销售人员一定要站在顾客的立场考虑问题，切实做到为顾客利益着想，这样，你得到的将是无数长期合作的"粉丝"顾客。

是"为顾客着想，以共赢为目的"。

在销售过程中，很多销售人员为了获取更多的利益，总是不惜损害顾客的利益。他们或者是让顾客购买一些质量差且价格高的产品，或者是当商品售出后出现质量问题不负责。其实，表面上看这样或许获得了不菲的收益，但这是短期利益。从长远的角度看，对销售人员的发展是不利的。试想，如果顾客的利益受到损害，对销售人员的信赖度就会降低。时间长了，顾客就会不断流失，从而使销售人员自身利益受到巨大的损害。

因此，优秀的销售人员一定是将顾客的问题当作自己的问题来解决，这样才能赢得顾客的信赖。为顾客着想是一个对顾客投资的过程，会使销售人员与顾客之间的关系更加稳定牢固，使合作更加长久。

在销售中，为顾客着想最重要的一点是提供能够增加产品价值和为顾客省钱的建议。顾客购买产品，最关注的是产品的价值和产品的价格。时时刻刻为顾客着想，先不要考虑即将得到的利润，而是帮助顾客考虑怎样才能为他省钱，帮顾客省钱就等于为顾客赚钱，帮助顾客挑选最合适的产品，让顾客以最少的投入获取最大的回报，而不是一味出售最贵的产品。

在美国零售业中，有一家知名度很高的商店，它就是彭奈创设的"基督教商店"。

有一次，彭奈到爱达荷州的一个分公司视察业务，他没有先去找分公司经理，而是一个人在店里"逛"了起来。

当他走到卖罐头的部门时，店员正跟一位女顾客谈生意。

"你们这里的东西似乎都比别人家贵。"女顾客说。

"怎么会？我们这里的售价已是最低了。"店员说。

"你们这里的青豆罐头就比别人家贵了三分钱。"

"噢，你说的是绿王牌，那是次级货，而且是最差的一种。由于品质不好，我们已经不卖了。"店员解释说。

女顾客讪讪的，有点儿不好意思。

店员为了卖出产品，就又推销道："吃的东西不像别的，关系一家老小的健康，您何必省那三分钱呢。这个牌子是目前最好的，有条件的顾客都用它，豆子的光泽好，味道也好。"

"还有没有其他牌子的呢？"女顾客问。

"有是有，不过那都是低级品，您要是想要的话，我拿出来给您看看。"

"算了，"女顾客面有愠色，"我以后再买吧。"连挑选出的其他罐头她也不要了，掉头就走。

"这位女士请留步，"彭奈急忙说，"你不是要青豆吗？我来介绍一种又便宜又好的产品。"

女顾客愣愣地看着他。

"我是这里专门管进货的，"彭奈赶忙自我介绍，以消除对方的疑虑，然后接着说，"我们这位店员刚来不久，有些货品不太熟悉，请您原谅。"

这位女顾客当然不好意思再走开。彭奈顺手拿过××牌青豆罐头，他指着罐头说："这种牌子是新出的，它的容量多一点儿，味道也不错，很适合家庭用。"

女顾客接了过去，彭奈又亲切地说："刚才我们店员拿出的那一种，色泽是好一点儿，但多半是餐馆用，因为他们不在乎贵几分钱，反正羊毛出在羊身上，家庭用就有点儿划不来了。"

"就是嘛，在家里用，色泽稍微差一点儿倒是无所谓，只要不坏就行。"

"卫生方面您大可放心，"彭奈说，"您看，上面不是有检验合格的标志吗？"

这笔小生意就这样做成了。

可见，在销售过程中，为顾客着想就是为自己着想，当顾客从内心感受到你是在为他服务，而不是要从他的口袋中掏钱时，他自然会愿意购买你的产品。

给顾客安全感，让顾客没有后顾之忧

当你购买某一产品的时候，你最怕什么？质量不好？不安全？不适合自己？花冤枉钱？是啊，几乎所有的消费者在面对不熟悉的产品时，都会有这些担心和害怕，怎么做才能让他们安心购买呢？

用心传递价值，让顾客没有任何后顾之忧。

心理学研究发现，人们总是对未知的人、事、物产生自然的疑虑和不安，因为缺乏安全感，在销售的过程中，这个问题尤为明显。一般情况下，顾客对销售人员大多存有一种不信任的心理，他们认定销售人员所提供的各类商品信息，都或多或少包含一些虚假的成分，甚至会存在欺诈的行为。所以，在与销售人员交谈的过程中，很多顾客认为他们的话可听可不听，往往不太在意，甚至抱着逆反的心理与销售人员进行争辩。

因此，在销售过程中，如何迅速有效地消除顾客的疑虑，就成为销售人员最重要的能力之一。因为聪明的销售人员都知道，如果不能从根本上消除顾客的疑虑，交易就很难成功。

顾客会产生疑虑的原因有很多，除了对产品性能的不确定外，主要有以下几点：

第一，顾客以往的生活经历中，曾经遭遇过欺骗，或者买来的商品没有达到他的期望。

第二，顾客从新闻媒体上看到过一些有关顾客利益受到伤害的案例。新闻媒体经常报道一些顾客购买到假冒伪劣商品的案例，尤其是一些伪劣家电用品、劣质药品或保健品，会给顾客的健康甚至生命造成巨大的威胁。

第三，顾客害怕损失金钱或者是花冤枉钱，他们担心销售人员所推销的这种产品或者服务根本不值这个价钱。

第四，顾客担心自己的看法与别人的会有不同，怕销售人员因此而嘲笑他、讥讽他，或是遭到自己在意的、尊重的人的蔑视。

◇ 消除顾客的顾虑 ◇

在销售过程中，顾客心存疑虑是一个共性问题，如若不能正确解决，将会给销售带来很大的阻碍。那么，如何消除顾客的疑虑呢？

> 她看起来很自信，说的应该是真的……

消除顾客疑虑的最佳武器就是自信

优秀的销售人员的沉稳和自然显现的自信可以帮助顾客重建信心。

> 我了解你们的想法，不确定这种产品的功能，怀疑是不是像产品说明书所说的，对不对？你们看这样好不好，你们先试用……

另一个重要的武器是言辞

在顾客犹豫不决的时候，销售人员纯熟的销售技巧会让顾客疑虑全消。

销售人员只要能把握脉络，层层递进，把理说透，就能够消除顾客的疑虑，使销售成功进行。

种种疑虑使得顾客自觉不自觉地绷紧了心中的那根弦，所以说，在面对消费者时，销售人员要尽自己最大的努力来消除顾客的疑虑，用心向他们传递产品的价值，使他们打消顾虑。

消除顾客的疑虑，首先要做的就是向他们保证，他们决定购买是非常明智的，而且购买的产品是他们在价值、利益等方面做出的最好选择。

一位顾客想买一辆汽车，看过产品之后，对车的性能很满意，现在所担心的就是售后服务了，于是，他再次来到甲车行，向销售人员咨询。

顾客："你们的售后服务怎么样？"

销售人员："先生，我很理解您对售后服务的关心，毕竟这可不是一个小的决策，那么，您所指的售后服务是哪些方面呢？"

顾客："是这样，我以前买过类似的产品，但用了一段时间后就开始漏油，后来拿到厂家去修，修好后过了一个月又漏油。再去修了以后，对方说要收 5000 元修理费，我跟他们理论，他们还是不愿意承担这部分费用，没办法，我只好自认倒霉。不知道你们在这方面是怎么做的？"

销售人员："先生，您真的很坦诚，除了关心这些，还有其他方面吗？"

顾客："没有了，主要就是这个。"

销售人员："那好，先生，我很理解您对这方面的关心，确实也有顾客问过同样的问题。我们公司的产品采用的是欧洲最新

AAA级标准的加强型油路设计，这种设计具有很好的密封性，即使在正负温差50度，或者润滑系统失灵20小时的情况下也不会出现油路损坏的情况，所以漏油的概率很低。当然，任何事情都怕万一，如果真的出现了漏油的情况，您也不用担心。我们的售后服务承诺：从您购买之日起1年之内免费保修，同时提供24小时之内的主动上门服务。您觉得怎么样？"

顾客："那好，我放心了。"

最后，顾客买了中意的汽车。

从某种意义上来说，消除疑虑正是帮助顾客恢复购买信心的过程。因为在决定是否购买的那一刻，买方信心动摇、开始后悔是常见的现象。这时候顾客对自己的看法及判断失去信心，销售人员必须及时以行动、态度和语言帮助顾客消除疑虑，增强顾客的信心。

抓住最能令顾客心动的卖点，并不遗余力地展示

发现顾客对某一个独特的卖点感兴趣时，就要及时强调产品的独特卖点，让顾客的注意力始终集中在独特的卖点上，促使其最后做出购买的决定。

销售人员："早上好，宋经理，我是M乳品公司的顾客经理陈玉田，想和您谈一谈我们产品进店的事宜，请问您现在有时间吗？"

（通过前期了解，销售人员已经知道卖场的负责人姓名及电话。）

顾客："我现在没有时间，马上就要开部门例会了。"

（急于结束通话，很显然对此次交谈没有任何兴趣。）

销售人员："那好，我就不打扰了。请问您什么时间有空，我再打电话给您？"

（这时一定要对方亲口说出时间，否则你下次致电时他们还会以另一种方式拒绝。）

顾客："明天这个时间吧。"

销售人员："好的，明天见。"

（明天也是在电话里沟通，但"明天见"可以拉近双方的心理距离。）

周二早晨，销售人员再次拨通了宋经理办公室的电话。

销售人员："早上好，宋经理，我昨天和您通过电话，我是M乳品公司的顾客经理陈玉田。"

（首先要让对方想起今天致电是他认可的，所以没有理由推脱。）

顾客："你要谈什么产品进店？"

销售人员："我公司上半年新推出的乳酸菌产品，一共五个单品，希望能与贵卖场合作。"

顾客："我对这个品类没有兴趣，目前卖场已经有几个牌子销售，我暂时不想再增加品牌了，不好意思。"

（显然已经准备结束谈话了。）

销售人员："是的，卖场里确有几个品牌，但都是常温包装，我公司产品是活性乳酸菌，采用保鲜包装，消费者在同等价格范围内肯定更愿意购买保鲜奶。其次，我公司产品已全面进入餐饮渠道，尤其是您附近的那几家大型餐饮店，有很多消费者到卖场里二次消费。我公司采用'高价格低折扣'的市场推广策略，所以我公司产品给您的毛利点一定高于其他乳产品。"

（销售人员用最简短的说辞提高对方的谈判兴趣，这段话提到了产品卖点、已形成的固定消费群体、高额毛利，每一方面都点到为止，以免引起对方的反感从而结束谈判。）

顾客（思考片刻）："还有哪些渠道销售你的产品？"

（对方已经产生了兴趣，但他需要一些数据来支持自己的想法。）

销售人员："现在已经有一百多家超市在销售我们的产品了，其中包括一些国际连锁店，销售情况良好，我可以给您出示历史数据。"

（通过对事实情况的述说增强对方的信心。）

顾客："好吧，你明天早上过来面谈吧，请带上一些样品。"

从销售的角度来说，没有卖不出去的产品，只有卖不出去产品的人。因为聪明的销售人员总可以找到一个与众不同的卖点将产品卖出去。独特卖点可以与产品本身有关，有时候，也可以与产品无关。独特卖点与产品有关时，可以是产品的独特功效、质量、服务、价格、包装等；当与产品无关时，这时销售的就是一种感觉，一种信任。以上两个销售故事就是销售人员用独特的卖点打动顾客的典型案例。

　　案例中的销售人员在首次通话时,买方没有给销售人员交谈的机会,很多销售人员在此刻只能无奈地结束通话,而本案例中的销售人员表现出很强的应变能力,争取了一次合理的通话机会。在第二次通话时,面对买方的拒绝,销售人员按照电话谈判的要点,在很短的时间内简洁地向对方告知产品的独特卖点与竞争优势,成功地提高了对方的谈判兴趣,最终赢得了双方常规谈判的机会。

　　总之,如果你想卖出产品,就先把产品的独特卖点找出来并展示给顾客。

第三章
DI SAN ZHANG

察言观色，看懂顾客没说出口的需求

选取能让消费者产生认同的市场

美国福特汽车公司是世界上最大的汽车生产厂家之一，是美国最大的工业垄断组织和世界超级跨国公司。福特公司成为全球领先的以消费者为导向的公司，始终坚持"低成本制造商品汽车"的价值创新理念，不断提升企业核心竞争力，创造了百年辉煌的业绩。最初的生产经营过程中，在选定汽车类型的过程中，公司决策人员首先考虑到的是社会上的惯例。当时，汽车业传统的做法无一例外是面向较为富有的阶层，因此，福特公司1906年推销的新型汽车也是这样一种"豪华型"产品，车体笨重，且多为定制，非一般人的财力所及。同时，他们提高了售价，最便宜的车售价为1000美元，最贵的为2000美元。这一变革带来了灾难性的后果，销售数量猛然下降，利润仅10万美元，为前一年度的1/3。

1908年初，福特做出了一个划时代的决策，公司宣布从此致力于生产标准化，只制造价格较低廉的单一品种，即生产统一规格、价格低廉、能为大众接受的车辆，以850美元一辆出售，由此产生了福特梦寐以求的，并能使他的公司征服市场的新产品——T型车。这是福特公司生产的世界上第一辆属于普通百姓的汽车，从此拉开了世界汽车工业革命的序幕。

T型车一投产就受到广泛的欢迎，并跃居当时各类汽车之首，这是因为农民正需要这种车，普通人又都买得起。从此，代表地位和财富的汽车进入了"寻常百姓家"。它的机械原理极为简单，任何外行人都会很快地掌握。与当时其他类型的汽车相比，T型车具有经久耐用、构造精巧和轻盈便利的优点。这种车底盘较高，具有能穿越沙地、腐殖土和泥潭的优良性能。

T型车仅用一年时间就跃居畅销车之首，成为第一号盈利产品。这一年中售出了11万辆，在销售量和利润方面都超过了其他汽车制造商。

福特公司对目标市场的错误选择，铸成营销计划失败的结果，同时也正是因为福特公司对目标市场选择进行了及时的修正，在市场中拯救了自己。一个企业的营销策略能否成功，消费者支持与否是关键。企业所确定的目标消费者是最可能对本品牌提供的好处做出肯定反应的人。如果所选择的目标市场很大，但该市场的消费者对你的品牌不感兴趣，仍然不能获得利润。

在20世纪70年代中期，德国"宝马"牌汽车在美国市场上将目标对准当时的高级轿车市场。然而，对美国市场进行深入调查后，"宝马"发现，这个细分市场对"宝马"的高超性能并无兴趣。美国市场的消费者不但不喜欢，甚至还嘲笑"宝马"，说"宝马"既没有自动窗户也没有皮座套，就像是一个大箱子。

在对消费者偏好进行深入分析与调查的基础上，"宝马"决定将目标转向收入较高、充满生机、注重驾驶感受的青年人市

◇ 如何获得消费者的认同 ◇

企业如何取得消费者的认同，一般需要从以下几个方面努力：

1. 广泛开展体验活动

选择了消费者认同的市场之后，需要吸引消费者不断参与体验，以判断选择的目标市场是否正确，并有助于不断完善我们的营销策略。

2. 让利消费者

便宜甩卖，最后一天！

让消费者能够以更合理的价格，买到物美价廉的产品，是得到消费者认同的不二法门。

欢迎光临，先生想要买点什么呢？我们这里的产品……

3. 加强与消费者沟通

企业要取得消费者的认同，需要加强与消费者的沟通。

场。年轻的消费者更关心汽车的性能，更喜欢能够体现不同于父辈个性和价值观的汽车，"宝马"决定取得这一部分消费者的认同。"宝马"在宣传中突出该车的高超性能，果然备受好评。到

1978年，该车的销售量虽未赶上"奔驰"，但已达到3万多辆，1986年，已接近10万辆。

20世纪80年代末、90年代初，美国经济开始走向萧条，原来的目标消费者已经成熟，不再需要通过购买高价产品来表现自我，加上日本高级轿车以其"物美价廉"的优势打入美国市场，"宝马"面临新的挑战。调查发现，消费者之所以喜欢"宝马"，是它能给人一种与众不同的感觉，即人驾驭车而不是车驾驭人。"宝马"的驾驶带给人的是安全、自信的体验，因为他们不仅可以感觉汽车、控制汽车，还可以得到如何提高驾驶技术的反馈。于是，厂家又将目标市场对准下列三种人：相信高技术驾驶人应该驾驶好车的消费者、为了家庭和安全希望提高驾驶技术的消费者、希望以高超驾驶技术体现个人成就的消费者。在这样的定位下，1992年，尽管整个美国汽车市场陷入萧条，"宝马"的销售量却比1991年提高了27%。

宝马的成功就在于能够调查分析消费者的偏好变化，根据消费者偏好不断调整自己的目标市场，寻求消费者认同，自然能够立于不败之地。产品定位的准确是赢得市场的关键，在产品定位上，企业要了解不同消费能力的消费者所追求的消费目标，选取能够达到消费者认同的市场进行定位。

消费者对企业产品的认同，实际上就是对品牌的认同。因此，企业必须以品牌为依托获得消费者的支持。从某种意义上来说，企业的品牌与消费者的认同是相互推进与影响的。品牌文化要在目标市场消费群体中去寻找，要通过充分考察他们的思想心态和行为方式而获得。而反过来，消费者的认同又能够进一步提升品牌的影响力与竞争力，对品牌有认同感的消费者很容易就成为我们的忠实消费者。

跟着消费者的感觉走，精准推荐合适的产品

在认识消费者的"偏好"之后，我们还应当认识与之息息相关的另一个概念——效用。还是要说到"萝卜白菜，各有所爱"，同样的东西对不同的人效用不同。因此，"效用"其实是个感觉。

比如同样大小的一个馒头，一个饿极的人吃了，觉得效用特大，特别满足；一个快吃饱的人，吃不吃这个馒头无所谓，所以效用就很小；而对于一个吃撑了的人，让他再吃这样一个馒头纯粹是浪费，甚至引发其肠胃的不适，因而馒头的效用反而是负的。

效用的概念是人获得某种物品或服务时的满意程度，这是一种心理状态。效用是主观的东西而不是客观之物，而且，效用也会因人、因地、因时而异。同样是一杯水，对于长途跋涉、口干舌燥的人来说，他感到的满足程度肯定会大于一个随处都可以喝到水的人；同样是一包香烟，对于烟民来说，具有很大的效用，而相对于不吸烟的人来说，根本就没有任何效用可谈。

由此可以看出，效用与个人偏好有着密切的关系。消费偏

好的商品，得到的效用会比不喜好的商品多很多。例如有的人喜欢吃甜，吃不了酸，如果你给他吃哈密瓜，他一定很高兴地接受了；如果你给他酸梅，他肯定皱着眉头再三推辞。

庄子曰：子非鱼，安知鱼之乐乎？鱼在水中畅游是苦不堪言，还是悠然自得、其乐无穷，只能由鱼自己的感受来决定。这形象地说明了效用的主观性。同样，我们衡量同一商品对于不同消费者的效用时，也要注意从消费者的角度出发，分析这一商品对其的效用。

因为错误地判断同一商品对不同消费者的效用而导致营销失败的案例比比皆是。20世纪80年代中期的日本服装界就为此付出过代价。当时，日本电视连续剧《血疑》热播，剧中主角信子和她父亲大岛茂的故事赚足了观众的眼泪，精明的商人则赚足了钱。一家服装厂推出了信子裙，另一家服装厂推出了大岛茂风衣，但结果很不一样。信子裙的厂家大获其利，大岛茂风衣的厂家却亏本了，其原因就在于不同消费者的不同行为。同一类商品对于不同的消费者而言，产生的效用是不同的。

女中学生崇尚信子，认为穿信子裙可以得到极大的心理满足，因而信子裙对于女中学生效用大，即主观评价高，她们愿意花高价购买，因而销售信子裙获利颇丰；而中年男子虽然尊敬大岛茂这样的父亲，但并不以穿同样的衣服为荣，大岛茂风衣对他们并没有什么特殊效用，也就更不愿意出高价购买，所以卖家赔本。可见，能否对消费者的心理效用做出深度分析和准确判断是决定买卖成败的重要因素。

  销售者在销售过程中必须能够准确判断目标消费群体对所售产品的心理效用，才能有针对性地进行推销与说服。例如，对于对某产品丝毫不感兴趣的人，你费尽口舌百般说服，不仅完全没有积极作用，反而招致顾客的反感。如果某顾客认为你所销售的产品和服务对他而言具有较大的效用，你应抓住时机进行适当的介绍与推销，这样才能够收获良好的效果。

了解消费者的偏好，才能投其所好

  一个小伙子细心经营着一个很大的玫瑰园，他几乎倾注了所有的精力，科学地按时浇水，定期施肥。因此，玫瑰园的玫瑰长势很好，玫瑰品种齐全，五颜六色，有红、黄、绿、紫、白，煞是好看。小伙子定期到集市上去卖玫瑰，喜欢玫瑰的人都喜欢在这里买，因为他的玫瑰不仅鲜艳漂亮，而且从不漫天要价，每株玫瑰的价格1—2元。

  令人惊诧的是，不知什么时候，小伙子的玫瑰园里竟然长出了一些黑玫瑰。小伙子发现了这些黑玫瑰，差点儿慌了神，这肯定没人买，谁会要黑玫瑰呢！但是小伙子还是舍不得毁掉，想着让黑玫瑰在玫瑰园里点缀一下，也是一个特色。

  后来，一位植物学家听说了小伙子的黑玫瑰，惊喜地叫起

◇ 影响人的偏好的因素 ◇

销售就是对消费者"投其所好"的过程。销售人员必须知道目标消费人群的偏好，同时紧密关注他们的偏好变化。通常来说，影响人的偏好的因素主要有以下两项：

1. 身体条件的变化

一个人身体条件的改变将直接影响其效用偏好结构的改变，如有的人得了肝病，则原来饮酒、吸烟的偏好将会随之改变。

你不是很喜欢喝酒吗？我们过去看一下！

上次体检说是肝脏不太好，我已经戒酒了！

2. 工作环境的变化

不同的行业必然具有不同的环境和作息习惯，一个人的效用偏好结构也会随之变化，以适应新情况。

最近经常加班熬夜，慢慢也就喜欢上喝咖啡了。

你以前不是不爱喝咖啡吗？

认识到不同消费者的偏好变化后，销售人员可以科学地指导自己的销售工作，使所售商品更好地满足消费者的需求，从而赢得消费市场。

来："黑玫瑰！这是旷世奇珍！"植物学家为了研究黑玫瑰，保存和繁衍这个珍贵品种，愿意出高价购买小伙子的黑玫瑰。植物学家出价 10 元/株订购小伙子的黑玫瑰，小伙子自然欣然接受，他没想到，黑玫瑰竟然给他带来了意想不到的财富，远远超过了他的预期收入。

后来，当人们知道了黑玫瑰是旷世奇珍后，争相购买。小伙子种的黑玫瑰渐渐比其他玫瑰还要多，占了玫瑰园的一半。

最初，小伙子认为黑玫瑰颜色不合人们的偏好，因而没有将黑玫瑰作为自己的盈利产品。但是，当植物学家发现黑玫瑰的稀有价值后，黑玫瑰的身价也随之一路飙升，人们对各色玫瑰的偏好也发生了改变。

这个故事说明，人的偏好会发生改变，同时，消费者的偏好对于市场和商品有很大的决定作用。聪明的销售人员应当敏锐地捕捉到消费者的偏好变化，将最受欢迎的产品作为自己的主打，最大限度地获得利润。反过来看，黑玫瑰引发了新的流行，告诉我们，要主动引入新产品，引导消费者的偏好。

人性化产品，打造产品新竞争力

麦克的鞋店开在城中心的商业街。商业街大小商铺鳞次栉比，各类商品琳琅满目，因此顾客如织，客源不断。不过，顾客往往看得多买得少，再加上商业街店租成本不菲，麦克的经营一度非常艰难。

麦克深知，要在竞争激烈的商业街杀出重围，不花点儿心思很难做到。不过，既然敢在此花血本租下旺铺，麦克也有他的把握。

对消费心理学有过深入研究的麦克明白，要获得顾客的青睐，必须要赋予产品以情感。麦克认为，市场既是店铺之间交战的战场，也是与消费者进行感情交流的场所。而要战胜对手，获得消费者的青睐，必须让自己的产品与众不同。

麦克经过调查与思考，认为当今很多消费者购买鞋子已不仅仅出于防冻和护脚的需要，而更多是为了显示个性和生活水准。"价廉""质高"的老一套经营方式已不是产品畅销的唯一法宝了。所以，要促进销售，必须使鞋子像演员一样体现出不同的个性、不同的情感，以其独特鲜明的形象、独特的魅力吸引更多的"观众"。

于是，麦克决定实施一种人性化的营销模式。具体而言，麦克决定发挥自己的创意元素，打造独一无二的"情感鞋"。

麦克首先在进货时就有意挑选有特色风情的鞋，同时聘请了几个美术学院毕业的学生兼职，按照自己或顾客的创意，对简单的鞋子进行一些小的改造，对鞋子本身以及它的包装都做出个性化的"彩绘"处理，改变传统鞋类单一的设计风格，将设计风格引向多元化。而在陈列方面，麦克分化出"男人味"和"女人味"、"狂野"和"优雅"、"老练"和"青春"等不同风格的鞋子，在款式、色彩的配置等方面使鞋子的风格趋于多元化。

同时，麦克还给每双鞋取了一个独特的名字，诸如"爱情""愤怒""欢乐""眼泪"等，有名字的鞋子仿佛有生命的物体，令人耳目一新，回味无穷。这些情感的表现形态，有式样的别致性，也有色彩的和谐性；有简繁之别，也有浓淡之分。这些充满生命和情感特征的"情感鞋"，在不同消费层次中广泛宣传，迎合了不同顾客的需求。

果然，带有不同情感的"麦克"式"情感鞋"，在消费者当中大受欢迎，不少顾客都慕名来到麦克的小店，想要寻找一双属于自己的"情感鞋"。而麦克也凭着"给产品赋予感情色彩"的诀窍，为自己的小店带来了持续的销售高潮。

麦克的鞋店除了提供质优价廉的鞋子外，最大的卖点还在于对"情感鞋"的定位。每一双充满了人情味的鞋子，给顾客带来的不仅仅是防冻、护脚的体验，更重要的是让鞋子与顾客的个性融为一体，让顾客的装扮更具生命力和情感特色。

我们的产品刚投入市场时，最先靠的是产品的独特性和价格优势，随之而来的是质量的角逐。然而，随着市场竞争的激烈，市场中同类产品趋多，产品质量相差无几时，单纯靠价格和质量已经不容易打开产品的销路，这时就要采用更高级的营销战术，通过剖析顾客的情感心理，从而达到更好的营销效果。

优秀的营销懂得超前而正确地把握消费者的心理需要，对消费者的个性化需求做出积极的响应。成功的营销不仅仅是提供实用实惠的产品,还要使自己的产品具有人情味,让每一个产品都有自己的生命,以其独特的款式、包装、色彩、名称等吸引消费者。这样可以促使消费者对产品产生喜爱之情,用购买的产品来标榜自己的独特个性。

捆绑销售,顾客和商家皆大欢喜

美国的约翰逊黑人化妆品公司总经理约翰逊是一个知名度很高的企业家。可是,当初他创业时,也曾为产品的销售伤透了脑筋。

那时,约翰逊经营着一个很小的黑人化妆品公司,因为黑人化妆品市场的总体销售份额并不大,而且,当时美国有一家最大的黑人化妆品制造商佛雷公司,几乎垄断了整个市场。

经过很长时间的考虑,约翰逊提出了一句措辞非常巧妙的广告语:"当你用过佛雷公司的化妆品后,再擦一次约翰逊的粉质化妆膏,将会得到意想不到的效果。"

约翰逊的这一招的确高明,不仅没有引起佛雷公司的戒备,而且使消费者很自然地接受了他的产品,达到了事半功倍的效果。因为他当时主推的只有一种产品,凡是用佛雷公司化妆品的黑人,大都不会在乎再增加一种对自己确实有好处的化妆品的。

随着粉质化妆膏销量的大幅度上升,约翰逊抓住了这一有利时机迅速扩大市场占有率。为了提升约翰逊化妆品在黑人化妆品市场上的地位,他同时还加速了产品开发,连续推出了能够改善黑人头发干燥、缺乏亮度的"黑发润丝精""卷发喷雾剂"等一系列产品。经过几年的努力,约翰逊系列化妆品占领了绝大部分美国黑人化妆品市场。

不知从什么年月起,捆绑销售已悄悄地侵入我们的生活,而且蔚然成风,还有愈演愈烈之势。大到买楼房送车位、买大件家电送电饭锅,小到买手机送话费,买酸奶"二送一",甚至买支牙膏也送个钥匙圈。问商家不要赠品能否减些价?商家回答:不要可以,但不减价。

那么,什么才是捆绑销售呢?捆绑销售也被称为附带条件销售,即一个销售商要求消费者在购买其产品或者服务的同时,也得购买其另一种产品或者服务,并且把消费者购买其第二种产品或者服务作为其可以购买第一种产品或者服务的条件。捆绑销售通过两个或两个以上的品牌或公司在销售过程中进行合作,从而扩大它们的影响力,可以说是共生营销的一种形式,开始被越来越多的企业重视和运用。

捆绑销售方式给商家带来了好处的同时,也给消费者"更实惠"的心理满足,从而促使一些精打细算的消费者产生购买冲动。

"全球通"在广州市区推出了"免费频道"服务,由移动公司提供网络支持,由广告公司、商家和移动电话顾客共同参与,共同受益。具体内容是:移动用户需在自己的手机上拨打"免费

◇ 捆绑销售的两种形式 ◇

捆绑销售的形式主要有以下两种：

> 只要买了我们的洗衣机，再购买同品牌冰箱就可以七五折购买。

1. 优惠购买，消费者购买甲产品时，还可以用比市场上优惠的价格购买到乙产品。

2. 统一价出售，产品甲和产品乙不单独标价，按照捆绑后的统一价出售。

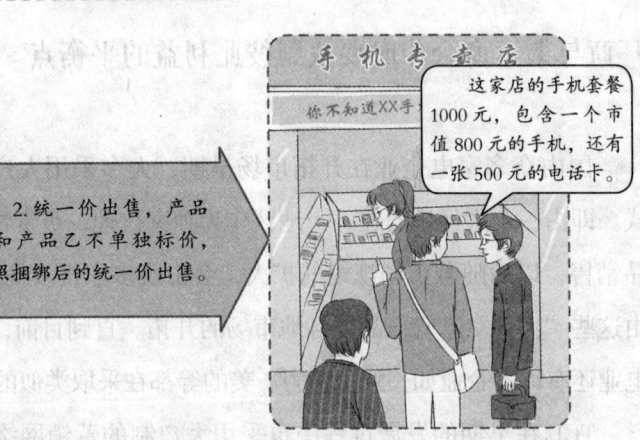

> 这家店的手机套餐1000元，包含一个市值800元的手机，还有一张500元的电话卡。

当然，并不是说捆绑销售只有这两种形式，市场中还有各种各样五花八门的捆绑销售，但是最常用的就是以上两种形式。

频道"号码,仔细听完系统播放的信息(广告),回答相关简单的问题,就可获一定金额的话费。

真可谓超级整合,超级捆绑。消费者由被动变主动,在"赢话费"的"驱使"下,热情空前高涨。为回答商家的问题,对广告自然认真收听,广告效果不同凡响。"全球通"利用电信这条超级绳索,把商家和消费者紧紧地"绑"在了一起。

如何少花钱、多办事,为商家节省资金、降低成本、提高竞争力,是我们共同关心的话题。但不要走向另一个极端,为了省钱,什么都"绑"。搞得风马牛不相及,甚至引起消费者的反感。

厂商与渠道商合作时要找到彼此利益的平衡点

国内众多家电企业在开拓市场早期,大多采用大户批发制方式。即由一个大经销商在一个地区作为独家代理,负责本地区的产品销售,以后随着市场规模的扩大,会出现多家批发商共同代理,由这些"大户"掌管产品在各地市场的开拓。直到目前,在白色家电业还有许多企业如长虹、格力、美的等都在采取类似的方法。

TCL在早期的发展过程中也采用大户制的营销网络模式,但是在采用过程中,TCL发现了诸多的问题,如大户制所带来的厂家与商家的利益冲突:家电业内许多企业出现"水冲渠道"的事,如价格混乱;企业只管将厂里的货送出去,至于如何走,走到哪里等全都不管，这就很容易把销售渠道打乱了。而对于大户制的营销网络模式，不管采取何种方式处理都是技术层面的运作，并不能从整体上完成对市场的控制。

因此，从1997年开始，TCL开始坚决剔除大户，采取"直营制"的销售渠道，即由厂商自主独立经营，通过自己的销售公司直接面对经销商，实行对销售渠道拥有很大控制权的营销网络模式。

能表明TCL自己管理销售渠道决心之大的例子是其决不与"郑百文"合作。当时"郑百文"是中国最大的彩电经销商，而TCL当时还较小，"郑百文"拿出一大笔钱要TCL的货，但TCL还是拒绝了"郑百文"。TCL这样做就是为了自己的渠道，为了维持本企业对营销网络的控制。TCL没有批发商，各销售分公司就是最大的批发商，这样可以控制整个物流、价格。在TCL的发展过程中，TCL通过"直营制"营销网络模式一直牢牢主导着市场，控制着市场，并在每个发展阶段都敏锐地感受着市场的脉搏，从而能做出正确的决策。TCL在1993年还只有10多亿的销售额，到2001年时销售额已突破200亿，一举成为广东最大的国有工业企业。

销售管理过程中，销售经理要根据企业的实际情况选择适合自己的渠道类型。然而，尽管很多销售经理的确也认识到了渠道在市场活动中的重要地位，但由于学识不足或由于某种偏见，在管理实践中，存在一些误区，要么是渠道多且杂，要么是渠道单一。大致可归纳为以下两种：

第一种就是有些管理者总是抱着"肥水不流外人田"的思想，即不甘心公司销售利润被别人"瓜分"，企图完全通过自己的力量建立销售网络，独立执行分销职能，认为自建网络要比利用中间商好，比如说，好控制、好指挥、安全、灵活、省钱等。

听起来似乎颇有道理，其实事实并非如此，因为：

（1）"天高皇帝远"，信息的阻隔，下面玩点儿"猫腻"，总公司不一定完全知晓。

（2）以区域市场为基础建立的销售分支机构，只对总公司负责，彼此缺少协同，画地为牢，互成壁垒，极易形成一个个割据分裂的"小诸侯"。

（3）"亏总部，富个人"，应收账款回不来，携货款而逃的例子比比皆是。

（4）摊子铺得太大，惰性积淀严重，一旦有风吹草动，很难在短期内形成"重拳"出击。

（5）人员开支、行政费用、广告费用、市场推广费用等浪费巨大。虽说以上问题不一定是普遍现象，但有一点可以肯定：管理不严，这些现象一定会出现。

要解决上面的问题，厂家就应多方考察，增添一些特定渠道，尽量避免因缺乏渠道而带来的许多问题。

而另外一种就是有的渠道管理者认为渠道越长越好，确实，渠道长有长的好处，如日用消费品，其消费对象居住区域高度分散,产品购买频率又比较高,销售环节较多,长渠道比较适合。

但这并不意味着渠道越长越好,原因在于:

(1)渠道过长,增大了管理难度。

(2)延长了送达最终用户的时间。

(3)环节过多,加大了产品的损耗。

(4)厂家难以有效掌握终端市场供求关系。

(5)厂家利润被分流。

针对上面的这种情况,渠道管理者就要酌情减少某些特定渠道,让整个渠道顺畅无阻。因此,对于销售经理来说,渠道的多寡要视具体情况而定,有时需要增设某些类型的渠道,有时则需要删减某些类型的渠道。总之,要协调好厂商与渠道商的利益,找到利益的平衡点,才能在合作中取得双赢的合作效果,达到"你好我也好"的目的。

以消费者需求为导向进行价值定价

一般来说,消费者在购买商品时,对商品的质量、性能、用途及价格会有自己一定的认识和基本的价值判断,也就是说,消费者会自己估算以一定价格购买某商品是否值得。因此,我们在定价时,当商品价格与消费者对其价值的理解和认识水平相同时,就会被消费者所接受;反之,则消费者难以接受或不接受。

以价值为基础的定价方法因此应运而生。营销者以消费者对商品的理解和认识程度为依据制定商品价格，就是以价值为基础的定价，也称需求导向定价法。这种方法的思路是：企业定价的关键不在于卖方的生产成本，而在于买方对商品价格的理解水平。

美国吉列刮胡刀片公司创立之初只是一家默默无闻的小公司。而现在，吉列公司已经发展成为一家全球闻名的大公司。吉列刮胡刀片畅销全球，只要有人的地方，几乎就有吉列刮胡刀片。

1860年以前，只有少数贵族才有时间和金钱来修整他们的脸，他们可以请一个理发师来替他们刮胡子。欧洲商业复兴之后，很多人开始注意修饰自己的仪容，但他们不愿使用剃刀，因为当时的剃刀笨重而且危险，他们又不愿花太多的钱请一个理发师来替他们整修脸部。19世纪后半期，许多发明家都争先恐后地推出自己发明和制造的"自己来"刮胡刀片，然而，这些新刮胡刀片价格太高，很难卖出去。一把最便宜的安全刮胡刀需要5元钱，相当于当时一个工人5天的工资。而到理发师那里刮一次胡子只不过花10分钱而已。

吉列刮胡刀片是一种舒适安全的刮胡刀片，但仅仅用"舒适安全"来形容的话，吉列刮胡刀并没有任何比其他品牌更高明的地方，何况其成本比其他品牌都要高。但吉列公司并不是"卖"它的刮胡刀，而是"送"它的刮胡刀。吉列公司把价格定在55分钱，这还不到它制造成本的1/5。但吉列公司将整个刀座设计成一种特殊的形式，只有它的刮胡刀片才能适合这种特殊的刀座。每只刀片的制造成本只需 1 分钱，而它却卖 5 分钱。不过消费者考虑的是：上一次理发店刮胡子是 10 分钱，而一个 5 分钱的刀片大概可以用 6 次左右。也就是说，用自己的刮胡刀片刮一次胡子的费用还不到 1 分钱，只相当于 1/10 的理发师费用，算起来依然是划算的。

吉列公司不以制造成本加利润来定刮胡刀座的价格，而是以顾客心理来定刮胡刀座的价格。结果，顾客付给吉列公司的钱可能要比他们买其他公司制造的刮胡刀更多。吉列通过这样"此消彼长"的方式使消费者购买到其心目中产品的价值，自然大获全胜。应当注意的是，这种"此消彼长"策略根据顾客的需要和价值及实际利益来销售产品，而不是根据生产者自己的决定与利益。简而言之，吉列的"此消彼长"代表了对顾客原有价值观的改变，而非厂商成本价格的改变。

这一策略一般用于互补产品（需要配套使用的产品），企业可利用价格对互补产品消费需求的调节功能来全面扩展销量。有意地廉价出售互补产品中处于不好销售的一种，再提高与其配套的另一种互补产品的价格，以此取得各种产品销量的全面增长。

第四章
DI SI ZHANG

看透顾客的心理账，掌握谈判主动权

要事先熟悉产品信息

一个对自己准备销售的产品都不了解的人，怎么期望他能够说服顾客购买呢？

许多人都抱怨过这样一件小事：比如你去超市购物，想买的商品不知道具体放在什么地方。于是，我们都会选择询问身边的导购人员，但满心的期望最后多半以失望告终。导购人员只知耕耘自己面前的一亩三分地，对整个超市商品信息的不熟悉导致顾客产生负面情绪。

无论是商场超市的导购，还是公司的销售代表、谈判专家，对自己公司产品信息的掌握是一个必备的基本素质。

相关的产品知识，是营销人员必须掌握的基础知识之一。一位营销专家说过："没有什么比从一个毫无产品知识的销售人员那里买东西更令人失望了。"

优秀的公司都注重提高销售人员的产品知识水平，而且采用了灵活多样的方式。

戴尔先生是一家酒店的经理，他喜欢在日常工作中检验员工对产品的认识和了解程度。例如，戴尔先生走进休息室，会问大家："我们很快就要举行一次情人节的促销活动，你们能告诉我有些什么项目吗？你们对预定的折扣率有什么看法？"

需要说明的是，休息室内不但有专门的销售人员，还有其他人员，例如办公室人员和勤杂人员。在戴尔先生看来，每一个在酒店工作的人都应该掌握这一知识。当情人节的促销活动举办时，如果有一位顾客走到酒店门口，向正在擦拭玻璃的清洁员询问有关促销活动的问题时，清洁员必须对答如流，而绝对不能一问三不知。

与戴尔做法接近的还有迪斯尼乐园。迪斯尼乐园为了能更好地服务游客，对每一个员工都要进行严格的培训，哪怕他只是一个假期打工的学生。从拖地到拍照，以及学习照相机的技能与熟悉地理环境，迪士尼的每一位员工都必须做到熟练掌握，以备游客的"突然询问"。

熟悉产品信息不仅是对营销、销售人员能力的基本要求，也是顾客的需求体现。

虽然不断增加的产品功能和不断细分的市场有助于满足顾客全方位、深层次的需求，但是面对越来越多的同类商品，顾客在需求被满足之前恐怕首先面对的是迷惑和困扰，也就是来自对产品基本情况的不了解。

任何一位顾客在购买某一产品之前都希望自己掌握尽可能多的相关信息，因为掌握的信息越充分、越真实，顾客就越可能购买到更适合自己的产品，而且他们在购买过程中也就更有信心，尤其是一些高档的产品，比如电脑、家电等。可是，很多时候，

◇ 尽可能地多了解产品信息 ◇

营销人员应该尽可能地多了解产品，掌握产品各方面的知识，主要有以下几项：

原来产品的性能是这样！

1. 关于产品

产品的主要性能（包括主要的量化指标）、价格（还应掌握价格与成本的关系）及库存情况。

2. 关于服务

服务的主要内容（包括方式、种类、范围、程度等）以及必须注意的事项（如产品的安全事项、使用事项等）。

记一下咱公司产品的使用注意事项。

在做什么？

当然，如果销售人员需要不断举例说服顾客，那么，销售人员还应该了解竞争对手的产品优劣，这可以在推销过程中作为证据使用。

顾客都不可能了解太多的产品信息，这就为顾客的购买造成了许多不便和担忧。比如不了解产品的用法，不知道某些功能的实际用途，不了解不同品牌和规格的产品之间的具体差异，等等。对产品的了解程度越低，顾客购买产品的决心也就越小，即使他们在一时的感情冲动之下购买了该产品，也可能会在购买之后后悔。

其实，很多人都有过这样的体验，到电子商城去买一些电子产品时，同一种产品总会有至少三种不同品牌可供选择，它们价格不一，商家着重宣传的功能和优势等也不尽相同。面对这种情况，顾客自然不会轻易决定购买哪种产品。此时，哪种品牌的销售人员对产品的相关知识了解得越多，表现得越专业，往往越能引起顾客的注意，而最终，这类销售人员通常都会用自己丰富的专业知识和高超的销售技能与顾客达成交易。

一句话，成功的沟通不能忽略这一重要细节，平时就应该多用心学习产品的各种功能，做到对产品信息熟悉得如同了解自己的身体一样。特别是我们需要重点掌握自己的产品的使用方法、优势，以及其他同类产品的特点。

有一位女销售人员，她费尽心思，好不容易电话预约到一位对她推销的产品感兴趣的大顾客，然而却在与顾客面对面交谈时遭遇难堪。

顾客说："我对你们的产品很感兴趣，能详细介绍一下吗？"

"我们的产品是一种高科技产品，非常适合你们这样的生产型企业使用。"女销售人员简单地回答后，看着顾客。

"何以见得？"顾客催促她说下去。

"因为我们公司的产品就是专门针对你们这些大型生产企业而设计的。"女销售人员的话犹如没说。

"我的时间很宝贵，请你直入主题，告诉我你们产品的详细规格、性能、各种参数、有什么区别于同类产品的优点，好吗？"顾客显得很不耐烦。

"这……我……那个……我们这个产品吧……"女销售人员变得语无伦次，很明显，她并没有准备好这次面谈，对这个产品也非常生疏。

"对不起，我想你还是把自己的产品了解清楚了再向我推销吧。再见！"顾客拂袖而去，一单生意就这样化为泡影。

言之有物是一种严格、缜密的基本功，依靠的是严谨，甚至是机械的强化训练，是通过对顾客可能问到的各种问题的周到准备，从而让顾客心悦诚服的一种实战技巧。女销售人员没有对产品倾注自己的热情，于是造成不了解产品而一问三不知的状况，自然无法在顾客心中建立信任。

善用"空间战"，占领"我的地盘"

回想一下，每一次单位组织开大会，同事之间的座次是否有一定的规律？就拿你自己来说吧，你是不是总会不自觉地与一些人坐在一起，而同样不自觉地远离某些人？而其他同事也同样，总会和固定的一些人坐在一起？

一、缩短空间距离，拉近彼此的心理距离

人的心理距离会通过空间距离表现出来，而空间距离会影响人的心理距离。

那些走在一起、坐在一起的人，一定是非常熟悉或较为亲密的人。他们或许是在部门里朝夕相处并建立了良好关系的同事，也可能是在开会或公司其他活动中，偶然坐在一起并互生好感的其他人。而人们下意识远离的人，要么是职位相差很远；要么是彼此接触很少，感到陌生；或者彼此不欣赏甚至不喜欢。

销售也是同样的道理，如果要得到顾客的信任，在空间上做一些改变，会产生意想不到的效果。销售人员在推销产品的过程中更换位置，也是出于同样的原因。

当销售人员与消费者面对面而坐，消费者面对产品举棋不定，这时，如果销售人员以更好地展示产品为借口，移到消费者身边与他并肩而坐，以非常靠近的方式来说服他，消费者就很可能答应买下产品。

看来，要想消除对方的警戒心，缩小彼此的心理距离并不难，只要你善于利用"接近的功效"。找个理由靠近对方，与他肩并肩地坐着，你会发现，事情就在突然之间有了转机。

二、控制对方的空间，依靠"我的地盘"获取心理优势

在某种程度上，地位高的人可以侵犯地位低的人的隐私和

个人空间。例如，老板旁若无人地到部门经理的办公室、部长不敲门就进入科长的办公室、父母会不经过同意直接进入孩子的房间……为什么会这样？

在心理学的解释中，这属于"空间侵犯权"，也就是说，一个人的地位越高，能够占有的空间就越广阔。相反，地位越低，拥有的空间就越有限。这就是经理可以有独立办公室，员工却只能挤在一个办公室里，和大家共享一个空间的原因。

当然，在销售谈判中，"我的地盘"在人们的心里同样起着不容小觑的作用。进行商业谈判时，你应该尽量让对方来你的公司或者选择自己熟悉的场所。特别是第一次见面的时候，因为自己熟悉的空间此时就变成了"优势空间"，在熟悉的环境中，就不会产生不必要的紧张，并且能给对方施加心理上的压力。就如同体育比赛中"主场"和"客场"的概念，经调查分析，任何球队在主场获胜的概率都远大于在客场。

田纳西大学的心理学家萨德斯·特劳姆和卡洛伊曾经做过一个试验，试验的内容是让大学生们讨论问题，试验地点在大学生的宿舍。试验过程分为"在自己的宿舍讨论"和"打扰别人，在别人的宿舍讨论"两种情况。试验中，用秒表悄悄记录在自己宿舍发言的人的发言量以及以"客人"的身份去别人宿舍发言的人的发言量。结果表明，在自己宿舍里讨论的大学生能够自由发言，与此相对，作为客人时却发言不多。而且，当讨论过程汇总，出现两个人意见不一致的时候，往往是在自己宿舍的人的发

◇ 谈判中利用空间优势 ◇

在大型商务谈判中，能不能控制对方的空间与能不能占到优势紧密相连。

1. 面对面坐着交谈时

想要摆出强硬有力的姿态的最好方式，是不露痕迹地把自己的水杯及记事本等个人用品往前放，其隐含的意思是"这是我的空间"。这会给对方造成无形的压力。

2. 站立交谈时

当两个人面对面站着时，无论迈出腿还是伸出胳膊，都要尽量以一种要包围对方左侧的姿势靠近对方，会在心理上处于优势地位。

学会了如何让自己更具有空间优势，在谈判中就会增加自信，为谈判成功赢得砝码。

言占绝对优势。

　　这个实验清楚地表明了空间对心理的影响，也就是说，在自己的领地进行谈判，必然能获得心理上的优势。

在销售谈判中，经常会有招待顾客的情况，这时选择自己常去的饭店已经是大家共有的常识。因为你熟悉的饭店就好像是你的领地，能够让你获取心理上的"主场"优势。而如果是接受对方的招待，若有条件，可以事先去招待场所看一下，熟悉招待场所的基本信息，这样有助于心理压力的减轻。

投石问路，逐渐消除对手的戒备心理

谈判开始时，虽然双方人员表面彬彬有礼，内心却对对方存有戒备心理，如果这个时候直接步入主题，进行实质性谈话，就会加强对手的戒心。

谈判开始时的话题最好是松弛的、非业务性的，要善于运用环顾左右、迂回入题的策略，给对方足够的心理准备时间，为谈判成功奠定一个良好的基础。

环顾左右、迂回入题的做法很多，下面介绍几种常用且有效的入题方法。

一、从题外话入题

谈判开始之前，你可以谈谈关于气候的话题。"今天的天气不错""今年的气候反常，都三四月份了，天气还这么冷"。也可以谈旅游、娱乐活动、衣食住行等，总之，题外话内容丰富，可以信手拈来，不费力气。你可以根据谈判时间和地点，以及双方谈判人员的具体情况，脱口而出，亲切自然，刻意修饰反而会给人一种不自然的感觉。

二、从"自谦"入题

如对方为客，来到己方所在地谈判，应该向客人谦虚地表示各方面照顾不周，没有尽好地主之谊，请谅解等；也可以向主人介绍一下自己的经历，说明自己缺乏谈判经验，希望各位多多指教，希望通过这次交流建立友谊等。简单的几句话可以让对方有亲切的感觉，心理戒备也会很快消除。

三、从介绍己方人员情况入题

在谈判前，简要介绍一下己方人员的经历、学历、年龄和成果等，让对方有个大概的了解，既可以缓解紧张气氛，又不露锋芒地显示己方的实力，使对方不敢轻举妄动，暗中给对方施加心理压力。

四、从介绍己方的基本情况入题

谈判开始前，先简略介绍一下己方的生产、经营、财务等基本情况，提供给对方一些必要的资料，以显示己方雄厚的实力和良好的信誉，坚定对方与你合作的信念。

五、投石问路巧试探

投石问路是谈判中一种常用的策略。作为买家，由此可以得到卖家很少主动提供的资料，分析商品的成本、价格等情况，以便做出自己的抉择。

投石问路是谈判过程中巧妙地试探对方，在谈判中常常借助

◇ 说正题前先说对方感兴趣的话题 ◇

"我今天来是希望能向您介绍一下我们公司的产品……"

生意场上有些交谈需要直截了当地切入正题。比如，对方已经知道你的来意，或者双方已经约定了这次交谈的内容，那就不必要说很多题外话。

但如果与对方并不熟悉，直接切入正题可能会遭到拒绝，这时就需要先说一些对方感兴趣的题外话，然后再将对方引入正题。

"很开心你能喜欢……"

"这个咖啡的味道很不错，我一直很喜欢，没想到您也喜欢这个味道。"

所以，打过招呼之后，先谈谈顾客比较感兴趣的话题，等气氛缓和一些后，再接着进入主题，往往会比一开始就立刻进入主题效果要好得多。

提问的方式，来摸索、了解对方的意图以及某些实际情况。

如当你希望对方得出结论时，可以这样提问：

"您想订多少货？"

"您对这种样式感到满意吗?"

……

总之,每一个提问都是一颗探路的石子。你可以通过了解产品质量、购买数量、付款方式、交货时间等来了解对方的虚实。面对这种连珠炮式的提问,许多卖主不但难以主动出击,而且宁愿适当降低价格,也不愿疲于回答询问。因此,在谈判中,恰到好处地运用"投石问路"的方法,你就会为自己一方争取到更大的利益。

想要在谈判中尽快降低对方的警觉性,谈判之前就要做好充分准备。你最好先了解和判断对方的权限及背景,然后把各种条件及自己准备切入的问题重点简短地写在纸上,在谈判时随时参考,提醒自己。

他在想什么?"举手投足"传答案

坐到谈判桌前,个人举止将会同以往有很大不同。人们往往会借助一些手势来表达自己的意见,从而使效果更臻完美。作为谈判的一方,你应当学会趁机仔细观察对手,捕捉潜藏的信息,从而迅速得到自己想要的信息。

要做到这一点,通常要注意以下几点:

一、对方的举止是否自然

◇ 通过观察对方的嘴了解他的内心想法 ◇

根据身体语言学家的观察，发现人们的嘴富有极强的表现力，它的动作常常能让谎言不攻自破，把人的心绪全面暴露出来。

> 这么没有自信，看来今天的谈判对我有利！

1. 咬住的嘴唇

谈判中，如果对方经常咬住自己的嘴唇，就是一种自我怀疑和缺乏自信的表现。因为在生活中，人们遇到挫折时容易咬住嘴唇，惩罚自己或感到内疚。

2. 抿着的嘴唇

谈判中，如果看到对方抿着嘴唇，则表示他内心主意已定，是有备而来，绝对不会轻易退让。

> 看样子他准备很充分啊！

> 他这是还没有搞清楚状况吗？

3. 嘴不自觉地张开

对方做出这样的动作，显示出倦怠或者疏懒的样子，他可能对自己所处的环境产生厌倦、不肯定，抑或对讨论的话题还摸不着头绪，缺乏足够的自信来应付你。

谈判场如战场，关注对方的其他相关部位的变化，也能挖掘他们心中的秘密。

谈判中，如果对方动作生硬，那么你要提高警惕，这很可能表示对方在谈判中为你设置了陷阱。同时，还要注意他的动作是否切合主题。如果在谈论一件小事的时候，就做出夸张的手势，动作多少有些矫揉造作，欺骗意味增加，需要仔细辨别他们表达情绪的真伪，避免受到影响。

二、对方的双手如何动作

在谈判中，注意对方的上肢动作，可以恰当地分析出其心理活动。如果对方搓动手心或者手背，表明他处于谈判的逆境。这件事情令他感到棘手，甚至不知如何处理。如果对方做出握拳的动作，表示他向对方提出挑衅，尤其是将关节弄响，将会给对方带来无声的威胁。

如果对方手心在出汗，说明他感到紧张或者情绪激动。

如果对方用手拍打脑后部，多数是在表示他感觉到后悔，可能觉得某个决定让他很不满意。这样的人通常要求很高，待人苛刻。而若是拍打前额，则说明是忘记什么重要的事情，而这类人通常是真诚率直的人。

如果对方双手紧紧握在一起，越握越紧，则表现了拘谨、焦虑的心理，或是一种消极、否定的态度。当某人在谈判中使用了该动作，则说明他已经产生了挫败感。因为紧握的双手仿佛是在寻找发泄的方式，体现的心理语言不是紧张就是沮丧。

三、对方腿部和脚部如何动作

从对方的腿部动作也能搜罗出一些信息：如果他张开双腿，

表明对谈话的主题非常有自信；若是将一条腿跷起抖动，则说明他感觉到自己稳操胜券，即将做出最后的决定了。

如果对方的脚踝相互交叠，则说明他们在克制自己的情绪，可能有某些重要的让步在他们心中已形成，但他们仍犹豫不决。这时，不妨提出一些问题并进行探查，看是否能让他们将决定说出口。

如果对方摇动脚部或者用脚尖不停地点地，抖动腿部，这都说明他们不耐烦、焦躁、要摆脱某种紧张感。

如果对方身体前倾，脚尖跷起，表现出温和的态度，则说明对方具有合作的意愿，你提的条件他基本能接受。

衡量对方期望值，在行家面前报价不可太高

某公司急需引进一套自动生产线设备，正好销售人员露丝所在的公司有相关设备出售，于是露丝立刻将产品资料快递给该公司老板杰森先生，并打去了电话。

露丝："您好！杰森先生。我是露丝，听说您急需一套自动生产线设备，我将我们公司的设备介绍给您快递过去了，您收到了吗？"

杰森（听起来非常高兴）："哦，收到了，露丝小姐。我们现在很需要这种设备，你们公司竟然有，太意外了……"

◇"价格悬念推销"的步骤 ◇

利用价格悬念来进行推销往往会轻松取得成功,这种方法在实施的时候一般会分为以下两个步骤:

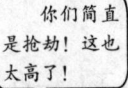

> 你们简直是抢劫!这也太高了!

> 这是我们的报价,总共112万,不过我们负责售后。

1. 第一次推销只是个幌子,先要在对方心里安放一个价格太高的心锚,在对方心里设置悬念。

> 我可是费了好大的劲才拿到这一份订单,价格只要59万,但是却只比上次少了十分之一的数量!

> 这个不错,我们马上签合同!

2. 第二次,以一个低得多的价格来铲除这个悬念,让对方尝到好处。对方在心里一比较,觉得很实惠,就很容易决定购买了。

"价格悬念推销法"的步骤非常简单,但是具体用什么方法还要看顾客的具体情况,因此,在实际应用时要灵活多变。

（露丝一听，大喜过望，她知道在这个小城里拥有这样设备的公司仅她们一家，而对方又急需，看来这桩生意十有八九跑不了了。）

露丝："是吗？希望我们合作愉快。"

杰森："你们这套设备售价多少？"

露丝（颇为扬扬自得的语调）："我们这套设备售价30万美元……"

顾客（勃然大怒）："什么？你们的价格也太离谱了！一点儿诚意也没有，咱们的谈话就到此为止！"（重重地挂上了电话。）

双方交易，就要围绕底价讨价还价，最终签订合同。这里所说的底价并不是指商品价值的最低价格，而是指商家报出的价格。这种价格是可以浮动的，也就是说有讨价还价的余地。围绕底价讨价还价是有很多好处的，举一个简单的例子。

早上，甲到菜市上去买黄瓜，小贩A开价是每斤5角，绝不还价，这可激怒了甲；小贩B要价每斤6角，但可以讲价，而且通过讲价，甲把价格压到5角，于是甲高兴地买了几斤。此外，甲还带着砍价成功的喜悦买了小贩B的几根大葱呢！

同样都是5角，甲为什么愿意磨老半天嘴皮子去买要价6角的呢？因为小贩B的价格有个目标区间——最高6角是他的理想目标，最低5角是他的终极目标。而这种目标区间的设定能让甲讨价还价，从而获得心理满足。

如果想抬高底价，尽量要抢先报价。大家都知道的一个例子就是，卖服装有时可以赚取暴利，聪明的服装商贩往往把价钱标得超出进价一倍甚至几倍。比如一件皮衣，进价为 1000 元，摊主希望以 1500 元成交，但他却标价 5000 元。几乎没有人有勇气将一件标价 5000 元的皮衣还价到 1000 元，往往只希望能还到 2500 元，甚至 3000 元。摊主的抢先报价限制了顾客的思想，由于受标价的影响，顾客往往都以超过进价几倍的价格购买商品。在这里，摊主无疑是抢先报价的受益者。报价时虽然可以把底价抬高，但是这种抬高也并不是无限制的，尤其在行家面前，更不可大意。案例中的销售人员觉得自己的产品正好是对方急需的，而将价格任意抬高，最终失去对方的信任，导致十拿九稳的交易失败，对销售人员来说也是一个十足的教训。

如果你在和顾客谈判时，觉得不好报底价，你完全可以先让对方报价。把对方的报价与你心目中的期望价相比较，然后你就会发现你们的距离有多远，随之调整你的价格策略，这样的结果可能是双方都满意的。

给顾客"一分钱一分货"的实在感

当顾客要求降价时，可以通过列举产品的核心优点，在适当的时候与比自己的报价低的产品相比较，列举一些权威专家的评论及公司产品获得的荣誉证书或奖杯等技巧和方法让顾客觉得物有所值。

顾客:"我是××防疫站陈科长,你们是××公司吗?我找一下你们的销售。"

销售人员:"哦,您好!请问您有什么事?"

顾客:"我想咨询一下你们软件的报价,我们想上一套检验软件。"

销售人员:"我们的报价是98800元。"

顾客:"这么贵!有没有搞错。我们是防疫站,可不是有名的企业。"(态度非常高傲)

销售人员:"我们的报价是基于以下两种情况:首先从我们的产品质量上考虑,我们历时5年开发了这套软件,我们与全国多家用户单位合作,对全国的意见和建议进行整理,并融入我们的软件中。所以我们软件的通用性、实用性、稳定性都有保障。另外,我们的检验软件能出检验记录,这在全国同行中,我们是首例,这也是我们引以为傲的。请您考察。"

顾客:"这也太贵了!你看人家成都的才卖50000元。"

销售人员:"陈科长,您说到成都的软件,我给您列举一下我们的软件与成都的软件的优缺点:咱们先说成都的,他们软件的功能模块很全,有检验、体检、管理、收费、领导查询等,但他们软件的宗旨是将软件做得全而不深。而我们的宗旨是将软件做到既广又深,就检验这一块来说,他们的软件要求录入大量的数据和需要人工计算,它实现的功能只是打印,而再看我们的,我们只需要输入少量的原始数据即可，计算和出检验记录全部由计算机完成。这样既方便又快捷。另外，我们的软件也有领导查询和管理功能。在仪器和文档方面我们的软件也在不断改进，不断升级。"

顾客："不行，太贵。"（态度依然强硬）

销售人员："您看，是这样的，咱们买软件不仅买的是软件的功能，更主要的是软件的售后服务，作为工程类软件，它有许多与通用性软件不同的地方。我们向您承诺，在合同期间我们对软件免费升级、免费培训、免费安装、免费调试等。您知道，我们做的是全国的市场，这期间来往的费用也是很高的，不过我们对您也是免费的。另外，在我们的用户中也有像您这样的顾客说我们的软件比较贵，但自从他们用上了我们的软件以后就不再抱怨了，因为满足了他们的要求，甚至超过了他们的期望。我们的目标是：利用优质的产品和高质量的售后服务来平衡顾客的心理价位与产品价格之间的差距，尽量使我们的顾客产生一种用我们的产品产生的价值与为得到这种产品而付出的价格相比，很值的感觉。"

顾客："是这样啊！你们能不能再便宜一点儿啊？"（态度已经有一点儿缓和）

销售人员："抱歉，陈科长你看，我们的软件质量在这儿摆着，确实不错。10月21日，我们参加了在上海举办的上海首届卫生博览会，在会上有很多同行、专家、学者。其中一位检验专

◇ 价格谈判方法之——与低价产品比较 ◇

在与对方进行价格谈判时，在适当的时候可以与比自己的报价低的产品相比较，可以从以下几方面考虑：

> A公司也有类似的产品，他们的价格更低，但是根据消费者使用后的反馈情况来说……

> 1. 用户的使用情况（当然你必须对你的和你对手的顾客使用情况非常了解——知己知彼）。

> 上次的产品推介会上，我们和A公司同时展出，对方价格更低，但是当时的顾客反应却是我们的更好！因为我们……

> 2. 列举一些自己和竞争对手在为取得同一个项目工程，并同时展示产品和价格时，我们的顾客的反应情况。

当然，在谈判中无论是说自己的产品还是竞争对手的产品，都要说对我们自己有利的那一方面，这样才能达成谈判目标。

家，他对检验、计算机、软件都很在行，他自己历时6年开发了一套软件，并考察了全国的市场，当看到我们的软件介绍和演示以后，当场说：'你们和深圳的软件在同行中是领先的。'这是一位专家对我们软件的真实评价。我们在各种展示中也获得过很多的奖，比如检验质量金奖、检验管理银奖等奖项。"

顾客："哦，是这样啊！看来你们的软件真有一定的优点。那你派一个工程师过来看一下我们这儿的情况，我们准备上你们的系统。"（他已经妥协了）

至此，经过以上几轮谈判和策略安排，销售人员报出的产品的高价格已被顾客接受，销售人员的目标已经实现了。

在与别人谈判的过程中，如何说服你的顾客接受你的建议或意见，这其中有很大的学问，特别是在价格的谈判中。以下是价格谈判中的一些技巧和策略。

（1）尽量列举一些产品的核心优点，并说一些与同行相比更出色高的特点，尽量避免说一些大众化的功能。

（2）列举一些公司的产品在参加各种各样的会议或博览会时专家、学者或有威望的人员对产品的专业评语。

（3）列举或展示一些公司产品获得的荣誉证书或奖杯等。

第五章
DI WU ZHANG

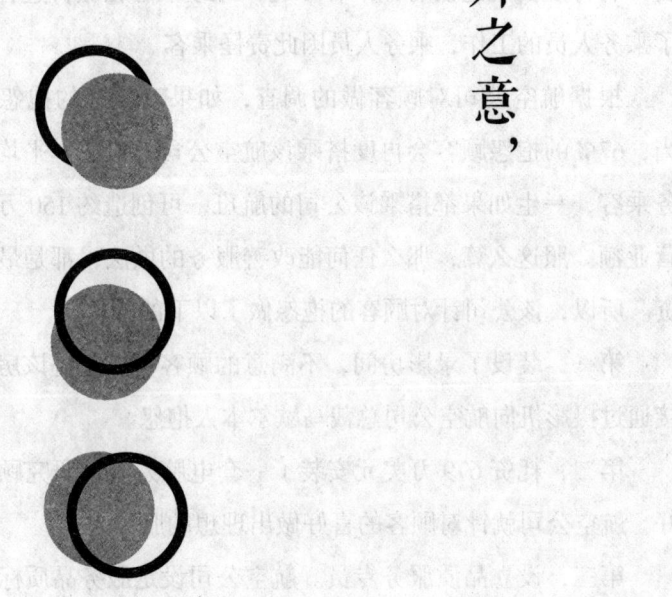

听懂顾客的言外之意,促成合作

顾客投诉，是对企业抱有期望

一些顾客的"叛离"原因很简单，仅仅是因为我们没有处理好他们的投诉。

曾有一段时间，英国某一家航空公司发现乘坐该航空公司飞机的乘客越来越少。后经调查，发现乘客越来越少的原因主要是公司不能很好地处理乘客的抱怨。而顾客的抱怨主要是因为英航公司有许多的规定没有让乘客知道，导致乘客在旅行过程中妨碍了乘务人员的工作，乘务人员因此责怪乘客。

根据航空公司对顾客做的调查，如果对顾客的抱怨处理得当，67%的抱怨顾客会再度搭乘该航空公司的班机。平均一个商务乘客，一生如果都搭乘该公司的航班，可创造约150万美元的营业额。照这么算，那么任何能改善服务的做法，都是最好的投资。所以，该公司针对顾客的抱怨做了以下的补救：

第一，装设了录影房间，不满意的顾客可以走进该房间，直接通过摄影机向航空公司总裁马歇尔本人抱怨。

第二，耗资679万美元安装了一套电脑系统来研究顾客的喜好。航空公司就针对顾客的喜好做出理想的服务方式。

第三，设立品质服务专员。航空公司设定服务品质标准，由

◇ 找到技巧，平息投诉者的怒火 ◇

在接待顾客投诉时，往往会碰到很多情绪失控的顾客，这让接待者感觉很头疼。因此需要学习一些平息对方愤怒的有效方法。

1. 让他发泄，表明你的理解

平息消费者的愤怒情绪，最快的方法是让他把气"撒出来"。不要打断他，让他讲，让他把胸中的怒气发泄出来。

针对你们刚才所说的产品的问题，我觉得应该是……

2. 做出职业性回答

记住，关键是不要以个人情感面对顾客的怒气，而要从职业的角度处理这种问题。要承认顾客的忧虑也许合情合理。

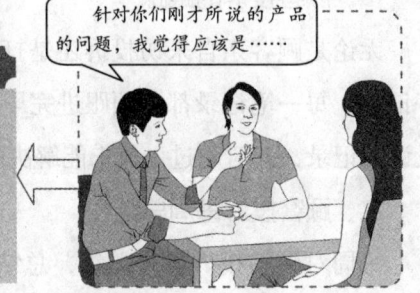

不管是什么原因造成这种情况，切忌与顾客争吵。与顾客争吵的结果可能使销售人员心里很舒畅，但从此失去了一个顾客，同时，也失去了未来人际关系中很重要的一部分。仔细想想，其实得不偿失。

专门的服务人员监督和实行。品质服务专员的任务就是搜集顾客的抱怨、分析顾客的抱怨、解决顾客的抱怨。

经由以上措施，航空公司的顾客满意度从45%提升到60%，空载率明显减少了。

其实，顾客向我们提出投诉是对我们的信任，因为他们相信我们能够为他们解决问题，同时也是顾客在给我们一个补救的机会。也就是说，如果我们此时能够用心地帮助他们解决困难，大多数顾客最终还是会选择留下来。

那么，在处理顾客投诉时我们究竟要注意哪些问题呢？简单地归纳为如下几点：

一、顾客投诉的跟踪

无论是顾客亲自来访投诉还是打电话投诉，处理时都必须做好记录，每一笔记录都必须跟进完毕。管理层每日必须查看顾客投诉的记录，并对超过一天未能解决的问题予以关注。

二、顾客投诉每周总结

每周对顾客投诉进行总结，总结各类引起顾客投诉的原因，列出赔偿金额。

三、顾客投诉日总结

每日晨会或周会上固定分享顾客服务方面的信息，特别是处理顾客投诉方面的经验和教训，使所有的人员都知道如何对待顾客的抱怨和掌握处理顾客投诉问题的技能。

四、定期总结

发掘在处理顾客抱怨中出现的问题：对产品质量问题，应该及时通知生产方；对服务态度与技能问题，应该向管理部门提出，加强教育与培训。

五、追踪调查顾客对于抱怨处理的态度

处理完顾客的抱怨之后，应与顾客积极地沟通，了解顾客对于企业处理的态度和看法，增加顾客对企业的忠诚度。

投诉问题的解决需要自上而下的配合与努力，而这个"疑难杂症"的"根治"必将使得顾客的满意度、忠诚度提升。维护顾客的忠诚是个细致且复杂的工作，需要多方面的努力，而处理好顾客的投诉问题绝对是个重要的细节。投诉的问题解决了，大众更会支持我们的企业，从而提高信誉度。

事件营销：吸引顾客好奇心的拳头武器

荷兰一家商场对部分商品实施了一次另类拍卖。拍卖的最初价格，被标在宛如大钟的表盘上，盘面上的数字代表商品的价格。商家首先制订一个较高的起拍价，然后价格指针有规律地向较低的方向移动，直到有一名买者按下按钮，停止大钟的转动。这名买者就竞投到了这件商品。

这是一则听起来很有趣的促销事件。原本从低喊到高的商品价格反其道而行之地变成了从高价向低价进行拍卖，拍卖的形式

◇ 事件营销 ◇

聪明的销售人员都知道,一个好的事件营销产生的效果远远胜过花几百万制作的广告效果。

> 这款手机质量过硬,谁要是能摔坏,我们奖励500元!

根据产品特性制造营销事件。比如,手机卖场中的"摔手机"营销,对消费者声称"该手机质量过硬,摔坏者奖××元",就是根据该手机抗摔打的特性而制造的有卖点的事件。

> 你们可以试驾,也可以选择试乘,来感受一下这款车的性能……

依据消费者的心理期待制造营销事件。对于一些使用性的物品,很多消费者希望能亲自体验,那么就可以设计一些体验营销事件。比如,某品牌汽车就可以搞一个大型免费试驾的活动,以此来吸引广大消费者。

因此,肯动脑筋的销售人员都乐此不疲地在销售中营造卖点,吸引顾客的好奇心。

也可谓噱头十足,一个奇异的大表盘立在商场门口就足以吸引路过的顾客。

事实也证明,这家商场的促销策略不仅有趣,而且十分成功。原本积压的清仓商品以不低的价格售出,更重要的是,该商场通过举行这次另类的拍卖而声名大振,成为趣谈。街闻巷议口口相传,前来观看和竞投的顾客众多,顺便买些商场中的其他商品;另一方面,媒体也将这一特别的促销活动做成新闻而登上版面,也为该商场做了免费宣传。

这就是事件营销的魅力。

事件营销就是通过制造具有话题性、新闻性的事件引发公众的注意,使得我们的产品可以在同质化泛滥的产品信息中脱颖而出,走入消费者的视线,因而获得被购买的可能。

事件营销是近年来国内外十分流行的一种公关传播与市场推广手段,集新闻效应、广告效应、公共关系、形象传播、顾客关系于一体。

听起来,事件营销似乎主要是由某企业管理层人员通过周详的计划与决策实施的公关活动,实际上,作为产品销售过程中重要一环的销售人员,也可以充分将"事件营销"应用到我们的销售中。

我们所销售的产品如果能刺激到消费者的"好奇心",那么,就赢得了销售的第一步。只要我们的产品信息引发了顾客的兴趣,如对产品的广告代言人,或是所推行的新理念、新功能产生兴趣并愿意了解和关注,那么,他就可能成为最后的购买者。

因此，销售人员在销售过程中，可以通过有意地制造"事件"，从而给原本并不打眼的商品带来"商机"。

很多外国的啤酒商都发现，要想打开比利时首都布鲁塞尔的市场非常难。于是就有人向畅销比利时国内的某名牌酒厂取经。

这家叫"哈罗"的啤酒厂位于布鲁塞尔东郊，无论是厂房建筑还是车间生产设备都没有很特别的地方。但该厂的销售总监林达却是轰动欧洲的销售策划人员，由他策划的啤酒文化节曾经在欧洲多个国家盛行。

林达刚到这个厂时不过是个不满25岁的小伙子，那时的哈罗啤酒厂正一年一年地减产，因为销售不景气而没有钱在电视或者报纸上做广告。作为销售人员的林达多次建议厂长到电视台做一次演讲或者广告，都被厂长拒绝了。林达决定自己想办法打开销售局面，正当他为怎样去做一个最省钱的广告而发愁时，他来到了布鲁塞尔市中心的于连广场。这天正好是感恩节，虽然已是深夜了，广场上还有很多欢快的人，广场中心撒尿的男孩铜像就是因挽救城市而闻名于世的小英雄于连。当然铜像撒出的"尿"是自来水。广场上一群调皮的孩子用自己喝空的矿泉水瓶子去接铜像里"尿"出的自来水来泼洒对方，他们的调皮启发了林达的灵感。

第二天，路过广场的人们发现于连的尿变成了色泽金黄、泡沫泛起的"哈罗"啤酒。铜像旁边的大广告牌子上写着"哈罗啤酒免费品尝"的字样。一传十，十传百，全市老百姓都从家里拿起自己的瓶子、杯子排成长队去接啤酒喝。电视台、报纸、广播电台也争相报道,该年度的"哈罗"啤酒销售量增长了1.8倍。林达也成了闻名布鲁塞尔的销售专家。

在这一例子中,销售人员林达正是通过巧妙地借助小英雄于连在比利时人民心目中的影响力,为"哈罗"啤酒找到了吸引大众眼球的有效方式,从而成功打开了销路。

产品精神是最不为人知的武器

郎咸平教授去潮州做演讲的时候,看到路边挂着很多陶瓷之都的广告,就问来听他演讲的陶瓷企业家:"你们这个陶器、瓷器怎么样?"众企业家都说自己的产品做得非常精美,非常精致,有仿古等很多风格。但是当郎咸平问他们潮州瓷器的灵魂在哪里,为什么别人会喜欢,为什么别人应该购买的时候,得到的无非都是漂亮、仿古、功能等郎教授意料中最不满意的答案。

为此,郎教授十分沉重地说:"中国的产品到现在为止,还停留在两个最基础的阶段。我想用金字塔来做个说明,一个三层的金字塔,最底层就是你们所看得见的瓷器跟陶器,中间的一层呢,是它的功能,比如说陶器、瓷器特别美观、仿古、好看、功能齐全。我们中国企业家最大的问题就是在最底层的外观以及中间那一层的功能上面下功夫,也就是说大家都是在最底层的外观以及功能方面寻求差异化。这个不是品牌战略。那么到底什么是品牌战略？你就一定要走到最高的那一层，最高的那一层叫作产品精神。只有走到精神这一层，才能真正做到品牌战略，你们今天喊的口号容易——用品牌战略。我告诉你，任何一个著名的品牌，它都有精神在后面支撑着，没有精神支撑着的就不叫品牌，你永远也使用不了品牌战略！"

产品精神，的确是我国大多数企业所没有想到的。想到的企业，也是做得非常优秀的企业。比如谭木匠，它只是一个卖梳子的企业，可是它的企业盈利并不少。一把最小最便宜的梳子，街边小摊上也就两三元钱，它要二三十元，不讲价，可生意依然红火。这是为什么呢？其实，如果我们进了谭木匠的专卖店，就会知道那是不一样的感觉，你会莫名地被它那种木头文化所吸引，莫名地觉得踏实和安心，有信赖的感觉，会舍得多出钱来买一个品质好的梳子。

事实上，自从20世纪60年代塑料梳子兴起之后，传统的木梳厂就逐渐走向了没落。但是随着人们生活水平的提高和保健意识的增强，天然的木梳因为大自然所赋予的保健、防静电等功能逐渐变成人们的首选。而几千年源远流长的木梳文化，也使得精致的木梳能够细致地体现出使用者的品位和气质，而且木梳有点儿类似玉石，用久了就会产生感情，成为主人的珍藏品。谭木匠出道时间并不长，但是作为一家作坊式的小企业，它却从1997年成立之初就紧紧地抓住了文化内涵这条主线，为自己的产品进行了正确的定位，开发了广受市场欢迎的黄杨木梳和"草木染"

◇ 品牌精神产生之源 ◇

品牌精神的重要性毋庸置疑，那么它是产生于哪里呢，怎么才能让品牌有精神呢？

1. 品牌创始人思想

品牌的创立和最初的发展，都源自创始人的呕心沥血，苦心经营。作为一个人，他有着自己的思想，随着时间的累积，他把这种思想融入到了产品中。

2. 品牌理念的坚持

品牌理念是产生品牌精神的基础，在长期坚持过程中，它可以引发品牌精神的形成。

3. 品牌故事的意义

通常企业经营者在运作品牌时，往往会为品牌量身打造一个动人的故事，并加以传播。故事能让人感受到强烈的精神力量，也就是品牌精神。

品牌精神就是品牌感染消费者的灵魂，它具备紧紧抓住消费者的力量。对于品牌经营者而言，在经营过程中，有效激发出品牌的精神是上上之策。

梳。黄杨木是一种珍贵的木材，多生长于原始森林，有"千年难长黄杨木"之说，有很好的保健作用。而"草木染"梳则是将木梳放在严格配比的中药里进行浸染。它的每款梳子除了具有普通木梳防静电、保健、顺发等基本功能，还具有非常好的艺术美感，散发着难得的古典气息，让人一见就联想到文化品位。

因此谭木匠很快就成为小木制品行业的第一品牌，成了行业冠军。至2005年底，谭木匠公司已经连续9年保持经营业绩的持续增长，并计划在香港证券交易所主板上市。

谭木匠的成功就是因为将高品质的木梳和独特的文化品位结合在一起，将我国的古典文化和人的感情融入产品，使得一只普通的木梳脱离了仅仅是外观和实用的低层次范畴，上升到精神需求的高度，使人得到了物质的实用性，也得到了精神方面的享受。只有有文化内涵的品牌才会被世界记住，并且长久存在于消费者的脑中。

任何企图与新闻媒体较劲的行动，最终多半是要吃大亏的

新闻媒体在西方社会被称为第四大权力，即真正的无冕之王。比如在美国，每次各种竞选，候选人无一不希望能获得传媒大亨默多克的支持。

现代社会的信息交流非常便捷，一件小事情只要被新闻媒体

盯上了，就会如在放大镜下被公众清楚地审视。因此，不论是什么领域的企业，都要保持好与新闻界的关系，凡事不要太较劲。

瑞士的雀巢公司在这方面就曾经当过一次反面教材。雀巢公司的一个重要产品是婴儿奶粉，这一产品长期垄断欧洲市场。为加大雀巢公司的影响，同时开拓海外市场，雀巢公司决定进军非洲市场。

当时，非洲大陆上内战正酣，许多国家的人民没有饭吃。雀巢公司召集新闻界，宣布要无偿支援非洲难民，赠送奶粉给非洲，新闻界将这件事报道后，产生了很好的影响，提高了雀巢公司的知名度。同时，雀巢公司还有一个计划，就是当非洲内战停止时，非洲的妈妈们已经习惯用雀巢公司的奶粉，那时，雀巢奶粉正好可以在非洲大量销售。

应该说雀巢公司的想法是很好的，可事情的发展却不尽如人意，甚至与公司的期待完全相左。过了一段时间，报纸上不断传来有些非洲妈妈用雀巢公司的奶粉喂宝宝，结果导致婴儿死亡的消息。雀巢公司慌了，急忙派人去调查，发现报纸上说的婴儿死亡的例子，其原因并不是喂了雀巢奶粉，而是当地的饮用水不卫生，同时非洲贫困的妈妈们为了节约奶粉，大量用水稀释，从而使婴儿得了当地卫生条件无法解决的痢疾。雀巢公司松了一口气，当即在报纸上声明，非洲的事件与公司奶粉的质量没有什么关系。

可是有家报纸并没有理会雀巢公司的声明，继续报道雀巢奶粉的所谓"中毒"事件。这时，雀巢公司做了一件事，后来被证明是极其错误的决策，它决定起诉这家报纸和做这个报道的新闻记者。

本来，有关雀巢公司奶粉质量的报道还不为公众注意，现在居然打起官司，公众的好奇心一下子被激发起来。雀巢公司成为了舆论的焦点。又有几家新闻机构派记者到非洲，专门调查雀巢公司奶粉"毒害"非洲儿童的情况。由于非洲处于内战之中，有关非洲的新闻从来就是传闻与事实的结合，所以对雀巢公司的奶粉质量的渲染更加朝不利的方向发展。甚至有很多人在雀巢公司的总部门前示威，以抗议商人"唯利是图"，全然不顾非洲儿童生命的安全。雀巢公司的形象大损。面对气势汹汹的舆论，雀巢公司始料不及，一下子陷入了不知所措的痛苦境地。

公众都以"宁可信其有，不可信其无"的态度对待这一事件，当时市场上的奶粉竞争得很厉害，有几百种牌子，雀巢公司的市场占有率本来很可观。但是，现在妈妈们谁也不想拿自己孩子的健康冒险，大都临时换了奶粉。雀巢公司的产品销售量一下子大幅降低，公司的领导层意识到自己的决策失误。但损失已经无可挽回，只得硬着头皮等待法院的判决结果。

判决结果很快出来了，雀巢公司赢得了无可争辩的胜利。但是，公众的兴奋点很快发生了转移，他们谁也没有注意到报纸上简短的道歉声明，其他品牌的奶粉不战而胜。雀巢公司付出了极大的代价，其依靠几十年才建立的产品盛誉竟然被一个谣传击得

◇ 重视媒体的好处 ◇

在高度信息化的社会，媒体的作用是不言而喻的。尤其是在企业遇到危机的时候，与媒体合作往往能出现转机。

不好意思，无可奉告。

追逐新闻的媒体对企业的突发事件，特别是知名企业的突发事件无疑是相当感兴趣的。因此，企业在预感危机将至时，应尽早与媒体沟通，否则，各种猜测和负面消息会淹没事情的真相。

关于这件事，我们马上准备召开记者招待会，你这边请……

听说贵公司出现债务危机，您能具体说说吗？

企业必须巧妙借助媒体力量，引导公众，为企业处理危机创造一个良好的舆论环境。

粉碎。

其实，这一事件的是非很清楚。雀巢公司的奶粉在欧洲没有产生毒害，在非洲也不可能有问题。要说出问题的话，只能是在奶粉的喂食方法上，但公众是不会去认真考虑这一问题的，他们关心的只是事件本身是否具有戏剧性，而且买什么牌子的奶粉对他们而言只是一个习惯而已。

如果我们平时多和媒体朋友及时沟通交流，那么就算遇到一些棘手的问题也能迎刃而解，有了新闻媒体舆论导向的帮助，公众也会自然而然地受到这种导向的影响。

面对谣言，主动出击

从2002年4月开始，全国众多媒体纷纷刊登转载了一篇题为《莫忽视微波炉的危害》的文章，加上各网站转载，据不完全统计，共有530篇之多。文章称："微波炉的电磁外溢能造成永远不能愈合的烧伤，微波炉能破坏半径3米到5米的磁场结构，在微波炉附近，由于人体细胞震荡所产生的磁场会被扰乱。"此外，微波炉对食物的破坏十分可怕，"煮过的或仅仅回了一回锅的、解冻过的食物，就不再有任何活性维生素了"。

这篇《莫忽视微波炉的危害》的小文章在全国各地近600家媒体上广泛传播，引起了全国各地消费者的极大恐慌，而更多原本已经有购买意向的消费者也打消了购买的欲望，许多消费者不敢购买微波炉，不敢使用微波炉。与2001年同期相比，2002年整个微波炉行业的销售量下降40%左右，作为全球最大的微波炉生产企业——格兰仕虽然市场占有率仍达70%，但受到的伤害最大，销量比上年同期下降了40%。而所有这一切的起因居然是因为一则豆腐块大小的文章。

多年来，中国微波炉市场经过格兰仕的启蒙教育和辛勤耕耘，"微波辐射"和"微波炉恐惧症"早已烟消云散，为什么又会在今年沉渣泛起，死灰复燃呢？有关专家分析，从文章内容上看，主要的观点为：一是微波辐射会引起疾病；二是电磁外溢，长时间待在微波炉旁会引起心跳变慢、睡眠被扰乱，记忆力也会发生变化；三是微波炉对食物的破坏，造成营养流失。对于此次"微波炉事件"，格兰仕一位总经理助理认为："格兰仕比窦娥还冤！"

由于微波炉有害论扰乱市场，7月8日，忍无可忍的国内微波炉行业的龙头老大格兰仕专程进京喊冤，指出近两个月来微波炉行业遭到了不实报道的攻击，致使全行业近两个月的产品销量直线下滑，而占有整个行业70%市场份额的格兰仕更是首当其冲，销量比上年同期下降了40%。

在北京召开的新闻发布会上，格兰仕专程邀请了来自国家工商局、国家技术监督局、中国家电协会、中消协、中国名牌促进委员会、中国预防医学会、中国疾病控制中心等单位的领导与专家学者，就微波炉的危害问题回答了记者的提问。

格兰仕为什么要兴师动众来到北京"喊冤"呢？格兰仕总经理助理赵强强调说，他们要"为行业辟谣，为自己立信，为消费者解除疑虑"。在会后，格兰仕的发言人对媒体记者说，近两年来微波炉的市场发展十分迅速，目前大城市的市场增长已经趋于平稳，但中小城市特别是农村市场潜力巨大。此外，国际市场每年对微波炉的市场需求也在3000万台以上，格兰仕仅2001年一年微波炉的出口总额就高达2亿美元以上。这样一个高成长性的行业，绝不能被谣言毁掉。针对这次谣言事件，格兰仕发言人强调说，他们将不排除诉诸法律的可能。

面对对自己极为不利的谣言，格兰仕邀请媒体，展开猛烈反击，指出这是某跨国公司精心策划的阴谋，并呼吁管理部门加强监管，规范市场经济秩序。格兰仕副总俞尧昌在与媒体见面的时候表现得格外气愤。他说："本来我们认为清者自清，没有在市场上进行大规模的澄清。现在发现这是一个精心策划的阴谋，所以不得不站出来说话了。""目前，包括欧美、日本在内的全球市场微波炉每年的销量高达4000万台，在中国也保持着20%左右的增长幅度。如果真的对人体有危害，微波炉怎能在全球范围内销售？"

俞尧昌还引述中国家用电器研究所副所长、中国家用电器质量监督检验测试中心实验室副主任张铁雁的说法："微波炉工作所产生的辐射甚至比一根普通日光灯管还少。""现在我们已经查明,这是一家曾经在中国市场上败走麦城的美国企业及其公关公司策划操作,针对中国市场上包括中、日、韩企业在内的竞争对手的一次恶意攻击,目的是为其所谓第六代微波炉面市做铺垫。它们在中国宣传微波炉有害,而自己的产品还在本国大肆销售。如果它们所说的'微波炉有害论'成立,那它们在美国市场上的产品是不是应该召回?它们敢不敢在美国这样宣传?美国的法律会不会罚它直到破产?"俞尧昌并不愿意说出这家企业的名字,却从这一事件谈到了WTO环境下,中国家电企业所面临的新一轮的恶性竞争。除了本土品牌与洋品牌之间的竞争日益激烈,企业目标市场开始趋同,以前本土品牌走中低端、洋品牌走高端的情况不再存在。现在所有企业都有自己高中低端市场目标,所以市场竞争的激烈程度是前所未有的,流言成为排解这种残酷压力的很好途径。

同时,家电企业之间、产品之间同质化严重,很难形成差异化竞争,舆论便成为制造竞争差异的主要手段。

在这样完全开放的市场经济环境中,企业在应对激烈的正常竞争时,随时可能遭到一些不可预知的"伏击",杀伤力比较大的像"商业谣言",是导致行业或企业组织形象严重受损的重要因素之一。

树大容易招风,往往也是避风的好去处。无论对于整个微波炉行业,还是全国的微波炉用户,身为全球微波炉产销规模最大的企业,格兰仕就是这么一棵参天大树。当"微波炉有害论"这

◇ 建立良好的媒体关系 ◇

媒体是企业与公众沟通交流的窗口,这个窗口必须在平时擦得明亮干净,保持交流畅通无阻。那么,如何建立良好的媒体关系呢?

你们杂志社最近有什么采访吗?我们公司最近有个新产品,作为朋友,我想让你来做采访……

1. 注重个人情感交往,与资深记者建立密切的联系。

2. 经常邀请媒体记者参加活动或者安排非正式的聚会,以保持联系。

非常感谢各位媒体记者能来参加本公司举办的感恩顾客活动……

当然,想要建立良好的媒体关系还有很多的方法,但是最重要的就是与媒体工作者有良好的交流,所以,做到上述两点还是非常重要的。

一灾难到来的时候，首先受到伤害，首先引起关注，首先成为人们寻根究底的目标，无疑就是格兰仕。业内外都不乏先例告诉格兰仕，谣言可以越描越黑，辟谣也有可能越辟越浑，到底怎样才能将企业、行业托出危机？

危机公关对于很多国内企业还是比较陌生的概念，没有引起足够的重视，在它们看来，公关往往就是企业做做宣传或在媒体发几篇文章，当遇到一些突发事件时，总是尽量保持低调、能捂就捂、能避就避，以为"沉默是金"才是最好的解决法则，更幼稚的做法还有自说自话等。结果当公众想了解事情的真相又无从着手时，就会出现许多不实的猜测、不必要的恐慌，谣言四起，反而容易产生误解。

面对"微波炉有害论"侵袭整个行业，格兰仕的反应速度虽然慢了半拍（进行公关时，谣言已经造成了较恶劣的影响），但在决定粉碎后表现出来的清醒、勇敢实属难得。首先，面对谣言，格兰仕没有因为自己是全球最大的微波炉公司就凌驾于消费者之上，置之不理，而是以一种富有人情味的态度来应对消费者，对提出疑问的消费者——给予客观、科学、公正的回信或回电。其次，对造谣者也是给予积极主动的回应，而不是用指桑骂槐地对骂来处理。

尽管通过各方查证，确定造谣者乃早年在中国微波炉市场落马的美国企业，但是格兰仕没有采取过激的反报复行为，而是冷静地梳理出谣言的"病根"是"不正当竞争"，只有纯净竞争环境才能肃清谣言。因此，格兰仕决定以"正确引导消费、规范竞争环境"作为这一次危机公关的突破口。

在危机事件中，媒体的配合往往起着关键性的作用。现代生活的社会化越来越高，人们的社会意识越来越浓，这意味着一个企业的危机不再仅仅是企业自身的事件，而是与广大社会公众有关的事件。人们希望了解事件的原委与处理结果及与自己的关系如何，这是只有媒体才能胜任的角色。

临危不乱，沉着冷静地进行系统的危机公关

中美史克制药公司的很多员工至今仍然清晰地记得几年前的那场烈火，滚滚浓烟似乎还在他们心头萦绕。熊熊火焰中，堆得如小山一般高、打包整齐、隐约还能看到印有"康泰克"字样的药品正在燃烧。记录这场焚烧的录像带如今存放在中美史克的资料室里。"这哪里是在焚烧药品啊，是在烧大把大把的钞票！价值几亿元的药品就这样化为灰烬，我们痛心哪！"许多老员工一提起此事就会流泪。

2000年11月15日，国家药品监督管理局向全国发出了《关于暂停使用和销售含苯丙醇胺"PPA"的药品制剂的通知》。《通知》附件中列出了国内15种含PPA成分的药品，天津中美史克的当家产品——"康泰克""康得"分别名列第一位和第二位。

"康泰克"是中美史克公司1989年研制成功、投入市场的感冒胶囊。到2000年11月被宣布停止生产和销售为止,已经累计销售52亿粒,在国内感冒药市场上占据着相当高的市场份额,其广告语——"早一粒、晚一粒,远离感冒困扰"传遍神州大地,"康泰克"也因此成为家喻户晓的著名品牌。"康泰克"被禁生产与销售,对中美史克的打击之严重可想而知。据估计,PPA事件中,中美史克的直接损失高达6亿元人民币。

而更严重的危机来自企业内部,根据当时的业务发展速度,2000年"康泰克"的销售额应该能够超过6亿元人民币。当时的生产线上,近一半的工人跟"康泰克"的生产有关。如果停止药品的销售,意味着很多生产工人会面临下岗的危机;仓库里还有价值1亿元人民币的库存,而且大量停留在渠道、药店、医院尚未售出的药品需要回收,这些损失如何补偿?"康泰克"停产停售后,引发了一系列"多米诺骨牌效应"。公司的现金流状况恶化,如何有效管理以保证日后的长久经营?如何回应媒体和公众的疑问甚至是谴责,重树"康泰克"和中美史克的正面形象?

危机发生后,中美史克公司立即成立危机管理小组,并根据应对对象、职能不同,分为几个部分:领导小组——制订应对危机的立场基调,统一口径,并协调各小组工作;沟通小组——负责信息发布和内、外部的信息沟通;市场小组——负责加快新产品开发;生产小组——负责组织调整生产并处理正在生产线上的中间产品。

11月17日中午,中美史克全体员工大会召开。中美史克总经理杨伟强向员工通报了事情的来龙去脉，宣布公司不会裁员。此举赢得了员工空前一致的团结局面。同日，全国各地的50多位销售经理被召回总部，危机管理小组深入其中做思想工作，以保障各项危机应对措施的有效执行。中美史克开诚布公地告诉员工公司出了什么问题，公司打算怎么解决，员工在公司面临困难的时候可以扮演什么角色。中美史克领导层做出这样的决策是因为他们认为自己不会在PPA事件中陷得太久，并且坚信熟练的技术工人在日后创造的经济效益将高于企业现在留用他们所承受的损失；另一方面，中美史克公司的产品除康泰克和康得以外，还有芬必得、泰胃美（西咪替丁）、肠虫清（阿苯达唑），为了保证这些产品生产的正常进行，中美史克公司必须竭尽全力稳定人心。

当时，中美史克的员工也面临巨大压力，一位员工曾描述，当时事件的影响已经让企业在外部环境中危机重重，而更严重的危机则来自于企业内部，生产线的停止让一半员工面临下岗的威胁。令员工们没有想到的是，中美史克在解决好技术问题前果断地让"康泰克"退出了市场，虽然因此公司承受了6个亿的直接经济损失，却没有为此裁掉一名员工，企业内部达到了空前的团结。

杨伟强事后总结："我们最大的成功，应该是没有将外部危机转化为内部危机。管理层没有对员工隐瞒任何事实，并且在'康泰克'和'康得'全面停产的情况下，坚持不裁员，这一方面团结了员工，使他们更积极地进行新产品研发；更重要的是，磨难使员工们今后对企业更加忠诚。"

11月18日，被迅速召回天津总部的全国各地50多名销售经理，带着中美史克《给医院的信》《给顾客的信》奔往全国。应急行动也在全国各地按部就班地展开。在中美史克总部，公司专门培训了数十名专职接线员，专门负责接听来自顾客、消费者的询问电话，做出准确统一的回答以消除疑虑。11月21日，15条消费者热线全面开通。对于经销商，他们得到了中美史克公司明确的允诺，没有返款的不用再返款，已经返款的以100%的比例退款，中美史克在关键时刻以自身的损失换来了经销商的忠诚。

当然，被动地应付是不够的。面对危机，中美史克的管理层更多地在考虑如何化险为夷，变被动为主动。他们认为，绝不能让公司7年来精心培育的品牌在这次危机中倒下，只要决策正确，方法得当，危机也可能转变为机遇。他们首先决定在最短的时间内，以最快的速度拿出让人们信得过的新型感冒药，填补"康泰克""康得"停止销售之后留下的市场空白，并且就将新药命名为"新康泰克"。事实证明，这个决策是正确的。"新康泰克"不仅利用了"康泰克"形成的高知名度，而且又向人们表示了中美史克"康泰克"产品的革命性进步——不含PPA，也表示了公司高度的自信心——公司不会因为PPA事件而一蹶不振。

眼睁睁看着6亿元的市场销量被PPA风暴刮得无影无踪，中美史克不会就此罢休。PPA禁令的292天后，从2001年9月3日起，杨伟强率领人员，先后在北京、天津、上海、广州、成都与媒体和顾客见面，为"新康泰克"上市做公关工作。中美史克对外宣布，新康泰克获准国家药品监督管理局通过，并于即日起开始上市，这一举动标志着中美史克大规模收复失地行动的开始。

据称，为了确定是否使用康泰克商品名，中美史克在全国二十几个大城市做了大规模市场调查，调查结果表明被访者对康泰克的认知度高达89.6%，而超过90%的人愿意考虑重新购买"新康泰克"。中美史克的决策层据此认为，"康泰克"仍有巨大的品牌号召力，因而决定新产品依然使用了"康泰克"名称。

不到一个月，中美史克公司就收到"新康泰克"的订单8000多万，不仅所有的老顾客加入了订购"新康泰克"的行列，而且一些新顾客也加入了销售商的行列。到2001年底，不足4个月时间，"新康泰克"就销售了17000万粒，名列中国感冒药市场上的第二位。可以说，"PPA事件"给中美史克带来的危机完全消弭了。

第六章
DI LIU ZHANG

广告要有的放矢，打动顾客的心

广告定位可以引导消费者的选择性

美国的万宝路香烟最初的时候是专为女人设计的，因为20世纪20年代的女人在抽烟的时候很讨厌香烟嘴弄污她们的唇膏，所以这款烟是从不损害女人唇膏的角度出发设计的。这款烟的内涵是：男人记得爱只是因为浪漫，广告的口号是"像五月的天气一样温和"。这种温情脉脉的定位从一开始就注定了无法满足男人的需求，所以尽管当时美国吸烟人数每年都在上升，但万宝路的销量始终不好。

为了走出窘境，他们请了策划大师李奥·贝纳来排忧解难。李奥·贝纳经过周密的调查和反复的思考之后，提出了大胆的"重新定位"策略：将万宝路香烟由女人香烟改为男人香烟，让万宝路作为一种男子汉的香烟而吸引广大的男性烟民。为了找到一个具有阳刚之气的形象代言人，万宝路使用过邮递员、飞行员、伐木工、潜水员等角色，但最终锁定了西部牛仔。因为伴随着美国西部片的盛行，美国民众已经把牛仔当成了真正的英雄。

更难得的一点是，万宝路并没有使用演员扮演牛仔，而是一头扎进美国西部的各个大牧场去寻找真正的牛仔，直到有一天，他们发现了自己要寻找的那个牛仔形象。不久之后，一个目光深沉、皮肤粗糙、浑身散发着粗犷、原始、野性、豪迈的男子汉气概的牛仔形象出现了。他袖管高高地卷起，露出多毛的手臂，手指间夹着一支冉冉冒烟的万宝路，跨着一匹雄壮的高头大马，驰骋在辽阔的美国西部大草原。这种强大的视觉冲击力让男人都渴望的气概、女人都欣赏的性感形象从梦中走进了现实，那种梦想中的浪漫生活方式极大地满足了消费者的心理诉求，万宝路的销售额一下子飞速上升。

在李奥·贝纳为万宝路做了重新定位之后的第二年，万宝路香烟在美国香烟品牌中销量一跃排到第十位。到了1975年，万宝路香烟的销量超过了一直稳居首位的云斯顿香烟，坐上了美国烟草业的第一把交椅。从20世纪80年代中期一直到现在，万宝路香烟销量一直居世界香烟销量首位。世界上每被抽掉的四支香烟中，就有一支是万宝路。

万宝路的口味和品位都没有变，甚至连"万宝路"这个"像五月阳光一样温和"的充满了脂粉气的名字都没变，只是因为一个西部牛仔的广告就让万宝路成为英雄、浪漫和性感的代名词，满足了顾客心理层次上的需求，所以它几乎兵不血刃地就在竞争极为激烈残酷的烟草业中独占鳌头。

广告定位直接引导着消费者的选择性。广告定位，即通过广告诉求，确定你的企业或产品在目标受众心目中的位置。奥格威将它定义为："这个产品是要做什么，是给谁用的。"一旦定位确定，广告内容和表现风格以及由此形成的品牌形象也就基本确定

◇ 广告定位的方法 ◇

广告定位的正确与否直接影响整个策划的最终成败,是最能体现策划者的策划水平和策划能力的关键环节。谁能挖掘到消费者的潜在需求,确定恰当的定位,就能在激烈的竞争中取胜。

现在中国市场上还没有这种产品,我们第一个引进,就抢占了市场先机!

1. 抢先定位

抢先定位是指企业在进行广告定位时,力争使自己的产品品牌第一个进入消费者的心目中,抢占市场第一的位置。

2. 强化定位

强化定位是指企业一旦成为市场领导者后,还应不断地加强产品在消费者心目中的印象,以确保第一的地位。

孔府家酒,叫人想家!

非可乐饮料,不含咖啡因。

3. 逆向定位

逆向定位是指企业在进行广告定位时,面对强大的竞争对手,寻求远离竞争者的"非同类"的构想,使自己的品牌以一种独特的形象进入消费者心目之中。

了。许多企业虽然花了不少资金进行广告宣传，而宣传的内容却与产品本身相去甚远，有的自吹自擂，有的故弄玄虚，消费者如坠云里雾里，不知所云。这正是因为忽视广告主题定位所招致的结果。

广告定位的中心问题是使商品在消费者心目中确定一个位置。这种观念即完全把广告定位建立在对消费者的心理研究上，更加注重确立产品的独特地位。在市场上，充斥着大量的广告，它们通过各种方式来诱导消费者，目的就是促使消费者对产品产生选择性的购买。在这样的情况下，消费者的心理加工就会存在两个层面：一、他们会对众多的广告刺激进行自然过滤，对大多数广告定位没有反应，这是消费者的防御性心理机制在起作用；二、消费者要进行积极的选择性加工，找出能够满足自身需要的商品。明白这一点对销售人员有好处，因为消费者的需求只有针对具体的对象，才会转化为消费动机，才有可能物化为购买行为。针对这一点，广告定位的作用应该是提供针对性诉求，引导消费者的购买心理向认牌购买方面转化，而广告定位提供的商品正是"您的最佳选择"。

找位，定位，到位，精准满足特定消费群的心理需求

对于什么是定位，人们的意见基本一致。定位是确定公司或

产品在顾客或消费者心目中的形象和地位，这个形象和地位应该是与众不同的。但是，对于如何定位，可谓是"仁者见仁，智者见智"。绝大多数人认为，定位是给产品定位。

从1993年成立第一家合资公司——沈阳华润雪花啤酒有限公司开始，经过十余年的发展，华润啤酒已经快速发展到了36家工厂，并拥有了20多个地方性品牌，从产量不到20万吨发展到超过300万吨。

2004年1月，科特勒集团与华润啤酒宣布合作，进行雪花啤酒的全国性推广。合作之初，科特勒就指出，中国啤酒品牌缺乏"有情感价值的故事"，存在定位不明晰的软肋。

开展合作之后，雪花啤酒和科特勒营销集团共同成立的项目小组对雪花啤酒的品牌定位流程和方法进行了调研、考察。项目小组针对雪花啤酒在各个市场的品牌表现，以及消费者对它的认知情况进行了调查。具体包括雪花品牌在当地市场、消费者心目中的定位和看法。此次调查在全国10个城市进行，包括沈阳、长春、哈尔滨、北京、天津、上海、武汉、合肥、成都、广州。

调查显示，华东和华南市场对雪花啤酒的认知还比较少；沈阳是雪花啤酒的故乡，在该市，它是一个和很多消费者有着深厚感情的老品牌，并伴随着他们的每一步成长；在黑龙江，消费者认为它是一个从沈阳过来的老品牌，企业很有实力；在北京、上海的调查表明，虽然雪花啤啤酒在全国发展很快、但是在这两个市场并不多见；而在武汉、成都、合肥等城市的调查表明，雪花啤酒成长快，实力强，可以和"成长"结合起来。

在品牌调查的基础上，项目小组进行定性调查，深入挖掘消费者内心深处的品牌故事，找到消费者对啤酒品牌以及对雪花品牌的认知，以及和成长概念的关联度，也包括"雪花"和竞争对手在情感上的关联度。

项目小组在6个城市做了12场消费者参加的定性研究座谈会。在品牌定位的流程推出后，随后在全国5个城市展开了测试，并进行了20场座谈会，以测试"雪花"的定位能否得到消费者认可，以及消费者心中存在的情感故事。

经过全国各城市的调研，雪花啤酒的消费者被定位在了20岁到35岁的人群。他们最大的特点是每天都在成长，其情感生活中有成长带来的喜悦和满足。但针对这个年龄段人群的啤酒品牌仍然是空白，而他们又希望在生活中找到可以寄托情感的产品，所以"雪花"被定义为伴随这部分消费者成长的伙伴。

有了准确的定位，雪花啤酒再配合广告公司推出具有"成长"主题的广告。整个项目一直持续了近一年，伴随着"雪花啤酒、畅享成长"的故事出笼而结束。

科特勒的品牌定位绝不是一则广告和一个故事那么简单。他帮助"雪花"找到了品牌定位，即满足消费者的情感需求。科特勒指出，目前国内很多品牌还忙于追求物质价值，没有意识品牌精神价值的重要性。精神层面的情感需求一旦在消费者的头脑里形成固定印象，并被认可的话，就会消费者对它的品牌忠诚度。

那么,如何为品牌找到满足品牌精神价值的定位呢?营销竞争实践表明,仅有产品定位已经不够了,必须从产品定位扩展至营销定位。营销定位需要解决三个问题:满足谁的需要?满足谁的什么需要?如何满足这些需要?我们可以将其归纳为三步营销定位法。

第一步,找位:满足谁的需要?即选择目标市场的过程。

在市场分化的今天,任何一家公司和任何一种产品的目标顾客都不可能是所有的人,同时也不是每位顾客都能给它带来正价值。事实上,诸多企业的营销成本并没有花在带来价值的顾客身上,浪费了大量的资金和人力。因此,裁减顾客与裁减成本一样重要。雪花啤酒将目标顾客群定在20岁到35岁的人群,舍弃了其他年龄层的顾客,最大化了优秀顾客的价值。之后,我们需要进行第二步操作——定位。

第二步,定位:满足谁的什么需要?即产品定位的过程。

产品定位过程是细分目标市场并进行子市场选择的过程。这里的细分目标市场与选择目标市场之前的细分市场不同,后者是细分整体市场,选择目标市场的过程,前者是对选择后的目标市场进行细分,再选择一个或几个目标子市场的过程。

如科特勒集团对雪花啤酒的定位,对目标市场的再细分,不是根据产品的类别进行,也不是根据消费者的表面特性来进行,而是根据顾客的价值来细分。顾客在购买产品时,总是为了获取某种产品的价值。产品价值组合是由产品功能组合实现的,不同的顾客对产品有着不同的价值诉求，这就要求厂商提供诉求点不同的产品。

第三步，到位：如何满足需要？即进行营销定位的过程。

在确定满足目标顾客的需要之后，你需要设计一个营销组合方案并实施这个方案，使定位到位。这不仅仅是品牌推广的过程，也是产品价格、渠道策略和沟通策略有机组合的过程。可见，整个营销过程，就是定位和到位的过程，到位也应该成为广义定位的内容之一。

实际上，到位过程也就是一个再定位的过程。因为在产品差异化很难实现时，必须通过营销差异化来定位，在今天，你推出任何一种新产品畅销不过一个月，就马上会有模仿品出现在市场上，而营销差异化要比产品模仿难得多。因此，仅有产品定位已经远远不够了，企业必须从产品定位扩展至整个营销的定位。

亲情广告，温情脉脉地包围消费者的心

麦当劳的红底黄字"M"招牌早已是都市的一道亮丽的风景线，无论你走在世界的任何一个角落，黄色"M"的身影都会闯入你的眼帘。

其实，细想起来，麦当劳并无过人之处。在快餐业竞争日趋激烈的今天，麦当劳之所以能称霸世界，赢得尽人皆知的非凡地位，主要靠的是它的"秘密武器"——不是每家餐厅都有，却是

◇ 做亲情广告时的注意事项 ◇

亲情广告虽然容易打动人，但是在做亲情广告的时候也要注意把握以下几点：

> 什么广告啊！没意思，换个台。

主题要展现信息和创意，要有足够的吸引力。没有新意，平铺直叙的广告没有人会记住。

> 这个代言人贤惠顾家的感觉非常符合这个广告……

整个广告要有完整的信息和深度诉求，代言人的语言、性格、气质要与整个场景相符。

> 我也没看明白是什么产品。

> 这是什么广告？

亲情广告"情"字当先，但也不能游离于产品之外。广告的重点还应该是产品本身。

每个顾客都需要的——温情感觉。

在麦当劳公司成立之初,麦当劳的广告宣传主题与大多数广告一样,集中表现的是产品和引用高科技、自动化的生产过程等,这也曾经引起许多顾客的兴趣。但是,精密电脑控制的生产线上不停制造的食品,服务人员机械呆板地忙碌操作,很快被人们所熟悉并令现代人产生厌倦,于是麦当劳的生意也趋于平淡。他们通过调查研究发现,仅仅依靠机械化快节奏,以节省用餐时间,是难以长久吸引顾客的,温情和家庭气氛才是顾客的永恒追求。

一直以来,麦当劳聚焦的都是以"三元家庭"为主的目标顾客群,广告宣传的销售诉求集中在"合家欢"上,并且成功地确立了"家庭快餐"的标杆品牌形象。麦当劳又是以"儿童"为对象启动家庭市场的,这种巧妙的方式备受市场推崇。

麦当劳有一则广告"午餐吃什么?"。图中房屋拐角放着一个书包,但书包的小主人不知道哪里去了。广告巧妙地将书包的两根背带很自然地"定格"在那里,天然地形成了一道金色的拱门,似乎书包用"哑语"暗示:小主人丢下它跑去吃麦当劳了。创意的诉求将书包和麦当劳的目标市场自然地结合在一起,用静止的书包呈现出的"M"字样和受众建立起了内在的联系,并留给受众无限的想象空间。

麦当劳的广告词紧紧围绕着"家庭"和"儿童"进行设计,先后使用过的广告词语是:"常常欢笑,尝尝麦当劳""欢乐、美味在麦当劳""麦当劳欢聚欢笑每一刻",构建了麦当劳一贯的欢乐、温暖、亲切的品牌形象。

麦当劳将温情注入了"M"之中,他们通过大量的广告宣传和促销活动,把温情送给了顾客,使顾客一看到黄色的"M"和麦当劳叔叔,就想到家,就想到温情。以情感人,使麦当劳获得了成功。

俗话说:"谁拥有了孩子的心,谁就占有了市场。"麦当劳可谓深谙此道,营销策略采用攻"心"为上的亲情化营销策略,在创造温馨的家庭氛围和浪漫的美妙环境的同时,更贴近了顾客的心,从而顺利占领市场。

由于亲情先天带着温情,带着温暖,所以亲情广告往往在不经意之间就能让人产生暖暖的心动。

选择合适的代言人,利用名人效应获取消费者认同

由于名人具有一定的公信力和影响力,消费者往往会对名人产生崇拜、信赖或者是消费观念上的追随心理,这种心理就是所谓的"名人效应"。企业可以利用消费者的这种心理来促进产品的销售,这是一种有效的"借势"促销手段。能够消除一般消费者的提防心理,因此名人宣传的效果远远大于一般的宣传效果。

作为国际上著名的体育运动品牌,阿迪达斯运动用品系列早已家喻户晓。每当打开电视机,观看精彩的体育节目时,你一定

会注意到那些蜚声体坛、名闻全球的著名运动员很多穿的都是各种颜色鲜艳、款式新颖、带有三瓣叶图案的运动衣——这就是阿迪达斯运动系列服装。

为了保持公司产品的世界知名度，阿迪达斯公司往往不惜血本，用巨额资金请来世界著名运动员对产品做广告宣传。阿迪达斯公司每年都要把产品总量的3%—6%无偿赠送给世界各个国家的著名运动员和体育团体。

早在1936年柏林奥运会时，阿迪达斯公司就开始采用了这种促销策略。当时，阿迪达斯公司刚刚发明了一种新的短跑运动鞋。为了打开这种新鞋的市场，阿迪达斯公司将眼光瞄向了美国著名的短跑名将欧文斯。因为欧文斯在最近几年的田径赛场上几乎战无不胜，取得了令人瞩目的成就。如果能够和欧文斯签订协议，让他穿上阿迪达斯公司的跑鞋参加比赛，一旦欧文斯获得冠军，那么阿迪达斯公司就可以向世界宣称是自己公司的产品助了欧文斯一臂之力。经过联系，阿迪达斯公司终于和欧文斯签订了协议。结果，欧文斯一举夺得四枚短跑金牌，成为奥运会田径赛场引人注目的明星。这样，阿迪达斯公司的新跑鞋成为体育爱好者的抢手货，立即畅销全球。

在1984年，阿迪达斯公司又给世界著名网球明星兰顿50万美元的巨款，作为他在比赛时穿阿迪达斯网球鞋的报酬。

通过借助体育明星的宣传，阿迪达斯公司虽然支付了巨额费用，但是这些付出给公司所带来的回报是无法估量的。它不仅帮助阿迪达斯公司售出不计其数的运动服、运动鞋、运动帽等运动系列服饰,更重要的是,阿迪达斯公司向世界各国消费者宣传了自己的品牌,使阿迪达斯产品成为全球著名的品牌,也正是这一著名品牌为阿迪达斯公司带来了更大的收益、更响的名气、更兴旺的生意。

名人对运动产品有特别的效应,所以阿迪达斯不惜血本聘请世界著名运动员做宣传广告,最终为公司迎来了更大的收获。由此可见,对于企业促销来讲,最重要的是充分利用名人效应,借助名人在普通消费者心目中的地位和影响,引导消费者认可和接受企业的产品,最终达到产品促销的目的。

但是要注意的是,名人对于企业来说也是一把双刃剑,应该慎重行事,如果运用失当,其负面效应更不可低估,对此应当清醒地认识和把握。选择合适的代言人是广告成功的关键。

第七章
DI QI ZHANG

只有站在顾客的角度,才能感知顾客心理

情感认同激发情绪共鸣

一、情境同一性原理

亚历山大等人在20世纪70年代提出了"情境同一性原理"。他们认为每个社会情境或人际背景,都有一种合适的行为模式。更重要的是,这种行为模式反过来受到社会情境和人际背景的影响,所以,如果我们需要激发对方特定的行为模式(比如积极的或消极的、共鸣的或排斥的等),我们就可以通过创造性运用情境设置来实现。

情境同一性原理的核心是依据对方的情绪、情感状态,创造出相似相惜的情感认同,这是两个不同方面的内容。

(1)利用相似相惜定律。依据心理学解释,人总会对和自己有相同点的人产生一种亲近感。所以,在与人沟通时,要努力去寻找这种相似性。无论什么人,他总会与你在兴趣爱好、成长经历、职业地位等方面有或多或少的相似。商务交流中,要努力去找寻这些相似性,然后充分利用它,必然能让对方和你的沟通出现共鸣性情境。

(2)体味对方情绪。人情绪的好坏,将直接对双方的交往造成很大影响。对方情绪好,就容易接受你。如果对方情绪不好,那你就要想办法去了解为什么会这样。如果我们能够从对方的角度来看待事情，体会对方的感受，或许原本疑惑不解的问题可能就变得豁然开朗了，进而理解对方，进入同一的"心理场"中，从而实现情感共鸣。

（3）利用SOLER模式引起对方好感。心理学家发现，与陌生人交往时，有意识地使用SOLER模式表现自己，也很容易引起积极的相同或相似（同一性）反馈，更好地拉近彼此距离。

S：落座要面对别人；

O：姿势要自然开放；

L：身体微微前倾；

E：目光接触；

R：放松。

二、让对方一直说"是"

据心理学研究证明，当一个人对某件事说出了"不"字，无论在心理上还是生理上，比他往常说其他字要来得紧张，他全身组织——分泌腺、神经和肌肉——都会聚集起来，形成一个抗拒的状态，整个神经组织都准备拒绝接受。反过来看，一个人说"是"的时候就没有收缩作用发生，反而放开准备接受，所以在与人高谈的开头，我们若获得"是"的反应越多，就越容易得到对方对我们最终提议的注意。

要使别人说出"是"，所需的技巧其实很简单。下面就是一个很好的例子：

王林在一家生产马达的公司做销售人员，在他推销的区域内有一家大工厂。王林当时就认为它是公司未来的一位大主顾，于是王林花费了几个月的时间，费了很多口舌，最后总算得到了一小笔订单。当时王林心想，假如能使对方满意的话，可能会有大批的订单，这也是王林最殷切期望的。

几个星期后，王林决定去那家工厂看反应，想要让对方签下一笔大订单。但是当他遇到工厂总工程师，人家第一句话就是："王先生，以后我不能再买你的马达了。"这使王林大吃一惊，所以马上问对方："为什么？"

他说："因为你们的马达太热，我的手都不敢放上去。"

王林立即明白和那位工程师争辩是没有好处的，这是他以往不知多少次失败得来的教训，因此王林立即用柔和的方法，使那位工程师开头就说"是"。

王林说："李总，你的话不错。马达外围烫手是不好的，你所需要的是发热不超过协会规定的一架标准的马达，发热可以较室内温度高华氏72度，我说得对吗？"

他说："是的，但是马达四周烫手，都超过了规定的度数。"

王林不与他争辩，仅仅问他："当时工厂室内的温度是多少？"

他说："噢！大约是华氏75度吧。"

王林接着说："对了，室内的温度再加上马达本身发热75度，那一共是147度，手会被烫坏的。"

这位工程师听了这些话什么也不说，只是点点头，于是王林趁机又对他建议："李总，我们不可以把手放在马达上，你认为这意见对吗？"

听完王林的话后，那位工程师便承认说："我想你的意见有道理。"

他们又随便闲谈了一会儿，随即那位总工程师喊他的秘书来，约定在下月中定购王林公司 5 万元的货物。

上述案例中王林所用的说服方法，是两千年前希腊大哲学家苏格拉底所用的，这种"苏格拉底式的辩证法"就是通过得到对方的"是"的反应，使对方不断地说"是"的方式，无形地把对方"非"的观念改变过来。

因此，以后你在与人沟通的时候，最好应用苏格拉底的方法，使对方多说"是"，使其减少反感，轻松达到你的目的。

表达关切增进彼此好感

商务交往的成败关键在攻心上。成功的商务交往应该确保顾客在心理、情感上接受销售人员。当一个人对他人产生好感时，会变得十分友好，那种排斥的心理也就荡然无存了。在最初接触的时候，应该力求使一切都简单化。这包括下面一些技巧。

一、说中对方的心思

在简单的关心、赞美之后，要寻求更进一步的认同感，就必须深入洞察对方的内心状态,并用有效的方式引导对方的情感。

人在许多情况下不能直接知道自己的态度、情感和其他内在状态,因此,要从外界获取信息达到自我认知的目的,所以很容易受到外部信息的暗示,从而导致自我知觉的偏差,而我们所说的"被说中"正是自我知觉偏差的表现。只要你能准确"说中"对方心思,你就可以在瞬间获得对方信任。

老李是一位运动自行车销售人员。

老李:"呵呵,这辆车是您的吗?"

顾客:"是的!"

老李:"呵呵,1999年款的捷安特ATX680,当时得2000多呢!"

顾客:"哦!您太厉害了,它可是我的第一辆山地自行车。"

老李凭借自己的专业知识准确地判断出对方车子的品牌、生产时间,以及与之有关的事情。作为一个从事商业活动的销售人员,要时刻补充知识,有些时候知识可以弥补经验的不足。

老李:"看得出来,你对它很有感情呢!都十多年了还不舍得换呢!"

顾客:"当然了,我很珍惜它,它是我和妻子爱情的见证……"

此时,对方还处于"惊讶"的状态,还需要继续"说中"才能获得对方的信任。老李因势利导,将老车与情感联系起来,十分成功地让对方从内心认同这句话。

老李:"很动人,它的确值得收藏啊,看来你得把它打蜡,然后挂在墙上!"

顾客:"是的!我打算把它收藏起来。"

对方动情后,老李继续"煽情",让对方在情感上不断地认同,而不是停留在口头或浅层次的意识上,这样更有利于获得更深的信任。

老李:"嗯,即使是按照使用寿命来说,也是该让它休息的时候了。"

顾客:"的确是,我得再买一辆……"

老李在上一句话语中巧妙地暗示了对方,一是暗示对方这辆车弥足珍贵应该收藏,二是暗示对方应换一辆车。

对方听后就会产生相应的心理反应,认为的确该收藏了。

以上就是一个在销售中完整地运用读心的方法说中对方心思的全过程,是赢得他人认同的一个简单、快捷的途径。

二、关心对方的身体

若突然去拜访一位商业上的朋友,需要在接触前进行一番观察,包括对方的气色、神情、身体状况,并从中发现独特之处。

小王:"嗨!先生,您的身材看起来非常棒啊!天天都在锻炼吗?"

对方:"是的!"

小王发现对方的身材健美,因而判断对方经常进行运动,便以此为话题问候对方。

问候前的观察是很重要的，面对一位富态的人，我们如果说"您的身材很棒啊！"是不能够激起对方的兴趣和注意的。

还有，如果我们发现对方神情黯然，要注意对方的性别，如果是女士，我们可以大胆地表达我们的关切，因为女性的潜在心理是渴望得到别人关心的。

三、问候对方的下属

关心对方周围的人有时比关心对方本人效果更好，如关心对方的家人更能让对方感动，关心对方的下属更能激起对方的自豪感。

比如，去拜访一位管理者，拜访之前应先依据自身条件对拜访对象进行调查，通常公司的信息是比较容易获得的。

小赵："我发现贵公司的员工精神面貌非常好，个个都神采奕奕，相信这与公司文化密不可分啊！"

经理："哈哈！你太会说了，不过的确像你说的那样！我非常注重公司的文化。只有重视和关心员工，公司发展才会有动力啊！"

小赵表达了自己的看法，当然都是针对对方员工而言的，小赵的关心之言是暗示对方管理得当。在这种情况下，对方的内心会非常自豪、得意，说话时会显得非常谦虚但又不否认自己管理有方。同时，这位管理者对小赵的好感也随之增加。此时，如果小赵再不失时机地发表一番赞赏经理的话，效果就更加显著了。

四、寻找对方的兴趣，开启话题

几乎每个人都会对自己感兴趣的事物赋予优先注意的权利，并表现出积极、强烈的探索或实践心理，而且印象深刻。因此，兴趣是一种无形而又强大的动力，我们把它用在商务交流中，也能够起到开启话题、轻易打开对方心扉的作用，从而建立良好的信任感。找准对方的兴趣点是第一要求。正式交流前应该调查对方的兴趣，可以是事前准备，也可以是现场观察。

小李："不知您喜欢什么运动，攀岩、自行车？"

王经理："不，我喜欢的是自驾车旅行！"

小李："是啊，它能够让人充分地享受自由，不像在竞争激烈的商业活动中。"小李乘势说出自驾游的好处，对方对此深有体会，小李因此博得了对方的好感。

换位思考，使对方感受到被关切之情

很多销售人员往往在推销的过程中只顾说他自己觉得很重要的事，他自己觉得顾客所需要的事。嘴巴说得太多但是倾听太少，完全不在乎顾客的感受，就像连珠炮一样滔滔不绝，甚至企图改变顾客的需要来达成交易，而他关心的重点中没有一个是顾客关心的，所以虽然拜访了千百次却仍然找不到突破口。

设想一下，如果你就是一个在销售人员"轰炸"下的顾客，你会不会购买呢？

当然不会，因为销售人员讲的都不能满足自己的需要，除非销售人员所谈论的刚好是顾客所需要的重点，顾客才会购买。

如果你的方法、态度都没有办法令自己购买，你怎么可能让顾客购买呢？所以在推销任何商品给你的顾客之前，先试着推销这种商品给你自己，说服自己购买，如果你能够成功地推销商品给你自己，你就已经成功了一大半！这也就是销售中的置换推销，就是要站在顾客的立场上做推销。

下面一个古代的小故事能帮助我们弄清什么是换位思考。

《列子·说符》中记载：

有一天，杨布穿了件白色的衣服出去，路上遇雨，于是脱去白色的外套而露出黑色的里衣，等他回到家时，他家的狗对着他大叫，他非常生气，拿起棍子对着狗就要打。他的哥哥杨朱拦住了他，说："如果你家的白狗出去而回来时成了黑狗，你能觉得不奇怪吗？"

上述故事说明了换位思考的含义就是把当事双方的角色进行置换，站在对方的立场看问题，从而透彻地理解对方，进而对对方做出正确的评估，并做出必要的反应。

所以，进行换位思考应遵循三个步骤：收集对方相关的背景信息，进行综合评估，做出针对性的必要反应。

在销售中，我们只要对角色进行正确定位，并实施针对对策，就会大幅提高销售的成交率。

有一个在淘宝网上经营电话卡的店铺，通过店主的用心经营，如今已经拥有4个皇冠的信用度，成功交易15万人次，拥有80%以上的回头客，好评率达99.99%，店主本人也被淘宝予以"super卖家"的荣誉。

有人问他成功的秘诀是什么，在交流中，他一直强调换位思考。他总是把自己放在一个买家的位置上，想想希望卖家提供哪些服务。当顾客的需要得到满足时，生意自然越做越好。比如，店主在销售中发现，现在电话卡多种多样，运营商也很多，买家分辨不清，经常会问有没有适合自己的、既便宜又好用的卡，于是，店主就写了一个帖子，利用自己的专业知识介绍哪些情况适合用哪种卡。买家看到这个帖子很开心，感到终于找到了自己想要的卡，这样，顾客的回头率就高了。

一个优秀的销售人员通常会事先收集顾客的详细资料，掌握顾客的一切信息后，再经过详细规划，然后与顾客见面时会这样说："先生，如果我是你，你知道我会怎么做吗？"

自然地，顾客就会问："你会怎么做？"这时销售人员就可以说出从顾客立场考虑的建议，并提出有利于顾客的方面，协助顾客做最终的决定。

曾有一位著名的销售人员讲了这样一个故事：

在杰西初入房地产推销界时，他根本不知道该从何处着手。后来，他看到公司里的一位金牌销售人员在他的资料袋里存放了很多资料，这些资料都是与推销相关的东西，也是顾客需要知道或希望知道的资料，其中包括停车场、商店、学校及建筑物相关的细节。

在许多人看来，这位金牌销售人员的做法好像很不明智，带那么多的卡片似乎很不方便，但就是这些卡片帮助他拿到了年度

◇ 学会换位思考 ◇

生意场上如果有所谓成功的秘诀，那必定就是指要能了解别人的立场。

> 我觉得你应该先试用一下，万一用着不好，您就可以避免一些损失了。

> 一个生意人，除了站在自己立场考虑之外，也必须要有站在别人立场考虑的处世能力。

> 在日常沟通中，也应该学会从别人的立场来看事情，以别人的心境来思考问题，这样说出的话也才能真正说到别人的心窝里。

> 小李，不要说了，你和大家一样努力。对于这件事，作为领导，我负主要责任。你忙一天了，早点回家休息吧。

> 经理，这次活动……

换位思考，设想一下对方的处境，在当时的情况下对方会怎么想，会怎么做？然后根据他的想法和行动确定自己和对方交流的方式，这样往往可以赢得对方的好感。

销售总冠军的奖杯！杰西对他提供的丰富资料印象深刻，所以他决定把它用在自己的实际工作中。这个方法最后成了杰西成功的主要因素，也是他为顾客着想的起点。

他还提到，即使与顾客在生意没有谈成的时候，他也会回家写资料卡，记录刚才见到顾客的情形。当他再次做销售拜访的时候，就能侃侃而谈关于顾客的一些事情，仿佛是多年的老友。杰西的这种"表演"常常能提高顾客的谈话兴致，他们往往会惊讶于杰西对他们的了解。

这些卡片帮了杰西很大的忙，每次他都利用这些资料联系顾客，成功率都很高，总的算来几乎超过70%。

在杰西早期的推销工作中，有位先生曾经坚持要买两份同样的投资标的，一份在他名下，另一份给他太太。杰西遵从他的要求，但在当天晚上输入顾客资料时，却发现两份分开投资计划合计的费用，比以同样金额投资成一份计划的费用高出许多。

第二天一早，他立刻跟顾客说明，如果这两份投资能合成一份的话，至少可以省下15%的费用。顾客很感激他，并且接受了这个建议。很显然，顾客不知道杰西的佣金因此而大减。多年以来，这位顾客对杰西的好感依然没变，而杰西的佣金损失，早就通过这位顾客所介绍的其他顾客得到了更多的补偿。

置换推销的好处是不言而喻的，它能更深层次地让顾客信任你，而你也能得到更多的潜在信息。

产品体验是打消顾客疑虑最有效的方法

百闻不如一见,百见不如一试。让顾客亲身去感受一件产品,是打消顾客疑虑最好的方法。

顾客:"你这台笔记本散热好吗?我听说笔记本散热性能都不是很好,因为我经常在家炒股票、看电影、听歌、和亲人聊天,所以基本天天开着电脑。"

销售人员:"这个是联想 Thinkpad X210 系列的笔记本,散热性能当然好啦,它采用了最新的英特尔酷睿双核四线程处理器,集成了最新的 X5700HD 显卡……"

顾客:"您说了这么多专业术语,我不太懂啊!我就在家炒炒股票而已,对计算机是个小白……"

销售人员:"……"

当你去北京的中关村,或者是深圳的华强北,这种场面相信你一点儿都不陌生,很多销售人员在回答顾客的种种详细问题的时候,往往总是以背好的产品参数来应对顾客,这样显得极其生硬,顾客自然会很反感。其实正确的做法应该是:让顾客亲身去感受一下,摸一摸、听一听、闻一闻、看一看,这款产品到底热不热,噪音到底大不大,显示效果到底好不好,正所谓"百闻不如一见"。

家电产品的散热功能既会影响到用户使用产品的舒适性,又

◇ 体验式营销的优势 ◇

相比较以产品为中心的传统营销模式,体验式营销主要有以下几大优势:

这是这台电脑的特色,你可以亲自试一下!

1. 体验式营销可以加深顾客对产品和企业的认知

消费者在为亲身体验而驻足的同时也完成了对企业和产品的认知过程。

2. 体验式营销可以提高产品和企业的可信度

"百闻不如一见,百见不如一用",好的体验式营销过程会让顾客对产品品牌及价值深信不疑。

你说得不错,这个确实管用!

上次我买的那个蓝牙耳机真是不错……

3. 体验式营销可以给产品和企业带来最好的传播效果

很多顾客在需求得到满足后,也会将体验经历主动向身边朋友进行传播,从而为产品和企业增加口碑传播的效能。

会影响到产品的稳定性、使用寿命与安全,尤其是那些常年开启的饮水机、电冰箱和家用电脑。所以顾客在家电卖场看机、试机的过程中,基本都会问到产品的散热性能。

针对这个问题,销售人员最好不要上来就讲解产品所使用的散热技术如何先进等理论知识,而是让顾客亲自摸一下产品样机,销售人员可以让顾客触摸样机的表面、底部、散热孔、机身等部分(当然,千万别摸插座等容易漏电的部分),因为样机每天都是从卖场开门就打开的,会一直处在工作状态,比较具有参考性。让顾客亲自感受机身的确切温度,顾客对这些温度有了切身感受之后,销售人员再详细解释产品所使用的优秀散热技术,以及能够达到的效果,等到消除顾客对产品散热性能的疑虑之后,销售人员再协助顾客进行初步的产品型号选择。

销售人员可以按照如下模板灵活应对顾客:

顾客:"一般的笔记本电脑要么配置低、机子小,要么配置高、机身大,你这款Thinkpad X210机身那么小,性能还那么高,散热行不行啊?"

销售人员:"先生你看看这款 X210 样机,咱们卖场的所有样机都是在每天上午 9 点开门的时候统一打开的,现在是下午 3 点,已经开了有 6 个小时,您摸摸这个机子的键盘、显示器、机身底部、散热孔等部分,热吗?"

顾客:"不热啊,看来散热挺好的。"

销售人员:"是的,Thinkpad 是专门做商务机的,其产品在全球笔记本市场有着最好的性能体验。X210系列由于机身模具的出色设计以及英特尔迅驰2移动计算平台出色的低功耗、低发热控制，X210在散热方面完全压倒其他品牌，X210所采用的最新款处理器的低功耗和相当强大的GMAX5700整合显卡以及散热孔部分密集的铜质散热鳍片都是其优势。这是所有品牌的笔记本中散热最好的一款，保证您买得放心，用得舒心！"

顾客："嗯！那我就放心了。"

巧让对方主动说出底牌

我们在商务交往中常常因摸不透对方的真实意图而受到损失，如果我们使用商用读心之法的技巧，这些问题就可以迎刃而解。

商用读心之法技巧的一个突出功能就是引导对方主动透露他的真实想法。

一、巧用优化法让对方开口

商业活动以追逐利益最大化为原则，为此人们会不断地进行选择、比较以挑选出最符合自身利益的"目标"。既然人人都在选择，我们何不利用人们的这种心理让其主动说出内心迫切的愿望呢？

（1）"患得患失"心理让对方流露真实想法。"患得患失"心理会让人情不自禁地发出内心的感慨，流露出其真实的想法，

◇ 轻松的氛围容易让对方泄露重要信息 ◇

在轻松的氛围里，由于对方意识松懈，面对我们不经意的发问，他们往往会不自觉地泄漏重要的信息。

我们在交谈时应该努力营造一种快乐、轻松的对话语境，促使对方放松警惕。

说到这突然想起来，你在定价方面很厉害！

当对方沉浸在轻松的氛围中时，再寻找合适的时机突然邀请对方谈话，这样就可以打破对方的原有计划，从而获得重要信息。

当然，想要营造轻松氛围的方法有很多，比如，表现自己的幽默，在交流中开一些玩笑；或者以轻松的心态表达自己的见解等，总之要让对方放松警惕。

而这恰恰是我们想要得到的。作为一个商务人士，必须要对自己所从事的领域有着深刻而又长远的认识，才可以很好地使用这种技巧。

乙："今年的情况很不好，很多厂家都倒闭了，只有您这样的厂子还在正常运转呢，真了不起！"

甲："哪里！其实也很困难了，只是……"

在这里我们意识到大量工厂倒闭，而这位供应商的工厂仍然在运转时，可以预料到其中必定有着某种原因，我们完全可以将两者进行比较，引诱对方在"患得患失"的心理作用下，不自觉地暴露出经营的真实情况。

（2）"失而复得"心理让对方激动地说出自己的想法。商务活动中，当商机失而复得时，随之而来的定是喜极而泣。这一连串的心理表现足以让对方失去清醒的认识。我们在商务活动中若能巧妙地运用这一技巧，便可让对方"乖乖地"献上自己的"计划"。

甲："A供应商报价是15万元，B供应商报价是13万元，考虑到我们的关系，这个项目本应……"

比较其他供应商之间的报价，比较时故意将报价说得偏高一点儿，对方会不自觉地将这些供应商的报价与自己设定的报价相比较。由于价格差距太大，对方会意识到这次合作成功的可能性不大，进而感到非常失望。这时要不失时机地暗示对方还有希望。

（3）"境遇比较"让对方倾诉衷肠。不同的境遇会让人感慨万分，在这种情景下，很容易互诉衷肠，我们可以利用这个特点获取对方的信息。

小张："王先生，好久不见，一切都好吧？"

王先生："嗯！还行！"

小张："呵呵，我最近被提升为项目主管了。"

王先生："哦？恭喜你啊！"

小张："哪里！您的能力在我之上，相信会很快晋升的。"

王先生："但愿如此吧！"

小张："怎么了？难道公司还有比你厉害的人？"

王先生："公司最近进行绩效改革，出台了许多政策，晋升恐怕更困难了！"

小张："嗯！但作为骨干，我觉得您还是会被提升的。"

这时，诚挚地安慰、劝导对方一番，可以增强对方对自己的信任，加深情谊。

二、佯作不知，刺激对方暴露

怀着已知的事情询问，不知道的事情也可以知道。把这句话用在商务领域，就是一个典型的技巧："假装无知"。故意向对方讨教，激起对方的兴趣，从而有技巧地探询对方的心理活动。

在面对他人的虚心请教时，人往往爱在他人面前炫耀自己，也因此会做一番详细解释，这样一来，我们会获得很多"意外"的信息。

（1）表现出无知，迷惑对方。形形色色的商务人士都有着良好的知识与能力，与之交往不要在其面前卖弄自己的聪明。心理学试验表明：一个能力出色的人，如果在人们面前表现出一些失误（误打倒杯子、挠头等），更容易得到人们的青睐和欢迎。

（2）故意说错话，让对方纠正。我们在与他人交谈时会发现，当别人说错话的时候，我们会不自然地给对方纠正，说很多"真心话"，其实是在无意识地暴露自己的"信息"，包括个性、看法、观点等。我们何不利用这种纠错心理，诱导对方说出更多"信息"呢？

比如在交谈中故意报错价格，打乱对方原有的思维模式，让对方纠正我们的错误，并说出他们对原料价格的评价。这样我们就能轻易获取对方的定价标准及相关信息。

（3）请教对方，激发对方的讲话兴趣。运用这个策略的第一要求是，我们要尽量表现得谦虚一些。谈话中，即使我们知道也不要轻易说出来。因为你越是表现得"无所不知"，越会使对方产生戒备心理，并失去继续说下去的兴趣。如果是请教，对方会很有兴趣地向我们介绍他所知道的一切。

去拜访顾客，想推销一件产品，但我们并不是很了解他。这时候该怎么办？我们可以按照下面的步骤展开销售进程。

销售人员："看来您对产品方面的功用很有见解，我刚刚入门，有许多地方还真不知道，还请麻烦您介绍一下！"

顾客："……"

顾客会非常自然地介绍一些经验，包括他需要的那一方面，慢慢地通过介绍，我们就能够了解到他真实的想法和需要，然后与其保持一致的立场，很快交易就会成功了。

巧妙拒绝对方的艺术

在商务活动中，对于对方提出的那些不合理条件，我们必须加以拒绝，但拒绝要有技巧、有水平。拒绝对方要依据具体问题采取相应的拒绝策略，其实拒绝是在考验双方的心理承受能力，采用的策略和意图都是双方心知肚明的，关键要看心理和技巧上的博弈。

一、在合适的时机强势拒绝

这种情况多发生在对方比较纠缠或狡猾的时候，前者让我们十分为难、尴尬，不答应对方就会麻烦不断；后者让我们手足无措，不答应对方，自己将陷于不义。

拒绝有时无须过多考虑对方的感受，一旦掺杂了情感因素，很容易让自己陷入被动的局面。如果对方比较纠缠或狡猾，我们应正气凛然，堂堂正正地拒绝对方的要求，对方往往会被我们的气节与气势所折服。

（1）表明立场，态度鲜明。如果对方通过某些手段提出我们难以接受的条件，我们应该立即表明立场，不要表现出犹豫

◇ 回避的惯用方式 ◇

回避是比较常用的拒绝方式，回避的惯用方式有下面几种：

他不表态，这是什么意思呢？

1. 保持沉默

对方提出我们无法满足的要求时，我们可以保持沉默，既不表示同意，又不否认。对方捉摸不透我们的心理，丧失了解我们的心理优势。

2. 推托其辞

推托其辞可以在不便说明真相时使用，如"只要上级批准，我立刻执行"，对方无法围绕这个问题继续纠缠，只能接受现实。

也不是我们不同意啊，主要是最近经济不景气，我们的利润也很低……

请介绍一下公司的产品研发情况吧！

我们公司的服务非常周到……

3. 答非所问

答非所问的目的就是提醒或暗示对方"我不同意或换个话题"。但回答的问题不要与上句问题没有任何关联，要存在内在联系、逻辑关系、理论关系等。

或软弱的样子，否则对方会乘势"追击"，使得我们不得不答应对方的要求。如何才能坚决表明立场呢？那就是通过讲原则来表明立场。

要时刻记住我们的职责，不要轻易退让或应允，尽量按照原计划进行。如果是授权谈判，要尽可能地在授权范围与对方周旋。遇到原则问题，要积极表明自己的态度和立场，不要受对方的诱惑和威胁。

（2）巧问反问，堵住对方的口。使用反诘句拒绝对方不但能够让对方哑口无言，还能打击对方贪得无厌或得寸进尺的心理。"我真的希望你们能够再做一点点让步。"我们可以这样反诘："这次谈判如果都按照贵方的要求做出无原则的让步，我方还有利润吗？"对方会意识到我们在拒绝他，但又没办法反驳，这样我们从容而又有力地回击了对方的无理要求。

甲："你们的优惠太少了啊，还希望能再优惠一点儿。"

乙："再优惠一点儿？难道我们要像超市那样天天给你搞活动吗？"

把问题指向第三方事件，把目前事件与第三方事件进行对比，形成一个不符合事实的悖论。这时对方没有反驳的机会，心理上会觉得不好意思，从而找一些话题岔过去，我们也达到了回绝对方的目的。

采用对比的方式反诘，举例按对方提出的方式执行可能出现的结果（举例），对方会意识到这样做的后果，也就不再坚持了。

（3）连续发问，让对方理屈词穷。如果对方过分要求，我们可以提出一连串的问题进行质疑。一气呵成地发问会让对方措手不及，来不及思考任何问题，无论对方回答或不回答，也足以表明他提的要求太过分了，这样巧妙地将责任转移到了对方身上。

这种方法比较适合只顾自己利益而提出过分要求的商业合作方。

二、委婉拒绝对方的技巧

尽管有的时候拒绝对方需要采用较为强势的策略，但大多数商业场合的拒绝仍然要委婉一些，因而也更需要讲究心理策略。特别是遇到关系深厚的商业伙伴，过于简单的拒绝会让我们失去对方，从而错失商机。为此，我们应该选择灵活的方式婉拒对方。下面这些技巧是商务活动必须掌握的拒绝技巧。

（1）转移话题。心理学研究发现，如果人的注意力专一的时候，恰当地插入新的刺激，那么他的注意力会转移到新的"刺激"上来。在谈判中如果遇到难以回复或难以满足的要求，我们可以转移当下的话题，将对方的注意力转移到某一话题上。

（2）寻找借口。寻找借口，把问题推向与己无关的事物或事件上去，对方的注意力也会随之转移，从而使对方不再和我们纠缠。

（3）回避，不置可否。回避是最常见的一种拒绝方式，其关键在于模棱两可的态度，让对方摸不着头脑或失去坚持的耐心。

因人而异，量体裁衣

在各种商务场合中，顾客往往经常有不止一种的心理，但总有一种起主导作用。所以我们一定要揣摩顾客的需求心理倾向，尽量满足其心理需求，促进各种交易圆满达成。

接下来我们就商务领域最多的人群——消费者，来展开对不同性格类型消费者的探讨。

消费者的消费心理会受到消费环境、购买场所、导购情况等多方面因素的影响。例如一个人在收入不同、心情不同的情况下，消费心理就有很大的不同。另外，一些购买行为，比如冲动性购买行为、炫耀性消费或者消费攀比，就是消费心理在行为过程中的一些外化。

一般来讲，顾客的心理有如下几种特征：

一、求实心理

以追求商品的实际使用价值为主要特征。在这种动机驱使下，他们选购商品时特别注意商品的功能、质量和实际效用，而不会强调商品的品牌、包装等非实用价值。

二、求廉心理

以追求商品价格低廉为主要特征，即占便宜心理。中国人经常讲"物美价廉"，通常是心理感觉上的物美价廉。

三、求美心理

指顾客购物时以追求商品欣赏价值、艺术价值为主要目的。这种顾客在选购商品时，特别重视商品的造型、色彩、包装，注重艺术欣赏价值，以及对环境的美化作用，而对商品本身的使用价值往往没有太多的要求。

四、推崇权威

对权威的推崇往往使顾客对权威所推介的商品无理由地选用，进而把消费对象人格化，造成商品的畅销。比如，利用人们对名人或者明星的推崇，大量的商家找明星做代言人。

五、求名心理

以追求名牌为主要特征。这种顾客几乎不考虑价格，非名牌不买，通过名牌来彰显自己的身份，从而获得满足。他们对名牌有一种安全感和信赖感，对名牌商品的质量完全信得过。

六、求新心理

指追求商品的时尚、新颖、奇特为主要倾向。这种顾客一般都有较重的好奇心，讲求样式的流行或与众不同，而不太注意商品的实用性和价格的高低。

七、求便心理

单纯地追求简便、省时。这类顾客有很强的时间和效率观念，他们对商品本身通常不会太挑剔，但绝对不能容忍烦琐的手续和长时间的等候，总是希望能够迅速完成交易。

八、疑虑心理

这是指每一个人在做决定时都会有恐惧感，又称购后冲突，是指顾客购买之后出现的怀疑、不安、后悔等负面心理情绪，进而引发不满的行为，通常贵重的耐用消费品引发的购后冲突会更严重。

九、安全心理

这类顾客总是把安全保障放在第一位，尤其是像食品、药品、洗涤用品、卫生用品、电器用品等，绝对不能出任何问题。因此，他们非常重视食品的保鲜期、药品的副作用、洗涤用品的化学反应、电器用具的安全等。只有在经过明确解说或者是承诺后，他们才可能下定决心购买。

十、从众心理

指个人的观念与行为由于受群体的引导或压力，而趋向于与大多数人相一致的现象，导致在购买上会表现出从众倾向，比如，购物时喜欢到人多的门店；在选择品牌时偏向那些市场占有率高的品牌；在选择旅游点时，偏向热点城市和热点线路。

经研究发现，在销售过程中，顾客不仅仅只有一种心理倾向，经常有两种或两种以上，但是在多种需求心理倾向中，总有一种起主导作用。所以，销售人员在接待顾客的过程中一定要注意揣摩顾客的需求心理倾向，尽量满足其心理需求，促进商品交易圆满达成。

把握女性消费的心脉

女性通常具有较强的表达能力、感染能力和传播能力,善于通过说服、劝告、传话等对周围其他消费者产生影响。女性消费者会把自己购买产品的良好使用感受和接受的满意的服务经历当作自己炫耀的资本,利用一切机会向其他人宣讲,以证明自己有眼光或精明。反过来,女性购物决策也较易受到其他消费者使用经历的影响。这个特点决定女性是口碑的传播者和接收者,一些产品通过女性的口碑传播可以起到一般广告所达不到的效果。成也口碑,败也口碑,只有过硬的质量才能维持女性消费者的忠诚度。据国外调查表明,在对产品和服务不满意的顾客中通常只有4%会直接对公司讲,在96%不抱怨的顾客中有25%有严重问题;4%抱怨的顾客比96%不抱怨的顾客更可能继续购买;如果问题得到解决,那些抱怨的顾客将有60%会继续购买,如果尽快解决,这一比例将上升到95%;不满意的顾客将把他们的经历告诉给10到20人;抱怨被解决的顾客会向5个人讲他的经历。其中会把自己的抱怨反映给产品或服务提供者的大多数是女性消费者,因此女性顾客的反馈和口碑非常重要,商家一定要讨得女士的欢心,才能赢得市场的青睐。

一、女性消费者消费时的热点

(1)注重商品的便利性和生活的创造性。目前,我国中青年女性就业率较高,城镇高于农村。她们既要工作,又要做家务,所以迫切希望减轻家务劳动量，缩短家务劳动时间，从而能更好地娱乐和休息。为此，她们对日常消费品和主副食的方便性有更强烈的要求。新的方便消费品会诱使女性消费者首先尝试，富有创造性的事物更使女性消费者充满热情，以此显示自己独特的个性。

（2）注重商品的实用性和细节设计。女性消费者心思细腻，追求完美，购买的商品主要是日常用品和装饰品，如服装鞋帽等，因此对购买商品时比男性更注重商品细节，通常会花费更多的时间在不同厂家的不同产品之间进行比较，更关心商品带来的具体利益。现在同样的产品比性能，同样的性能比价格，同样的价格比服务，甚至一些小的促销礼品和服务人员热情的态度都会影响女性消费者的购买决定。这就要求商家对产品的细节做到尽善尽美，避免显而易见的缺陷。

二、针对女性消费者的营销技巧

由于女性在消费活动中所处的特殊地位和扮演的特殊角色，形成了其独特的消费心理和消费特点。厂家要充分重视这一庞大主体，针对女性的特点，改善生产和经营，以便吸引和维持女性顾客，为企业带来源源不断的商机。

（1）现场促销活动要关注女性消费者的情绪变化。男性比较注重服务人员的知识和技能，而由于女性同时对态度也比较敏感，服务人员不经意间哪怕一个怠慢的动作、一句不耐烦的话语、一个轻蔑的眼神，都会将之前滔滔不绝的产品推销成果毁于一旦。女性消费者的自我意识、自尊心较强，表现在购买行为中喜欢评价商品，喜欢根据自己的爱好和标准分析商品，评价商品。购买后，她们总愿听到别人的赞赏。销售人员要讲究语言表达的艺术性，尊重女性消费者的自尊心，赞美女性消费者的选择，以博得女性消费者的心理满足感。

（2）女性商品设计要重视细节和外观形象，体现流行和时尚。女性对生活方式的反应要比男性快，女性的审美观影响着社会消费潮流。自古以来，女性的审美观就比男性更加敏锐。现代社会的职业女性对生活中新的、富有创造性的事物总是充满热情。年轻女性的心境和感性支配着流行；女性不仅自己爱美，还注意丈夫、儿女和居家的形象。商品的流行大多是随女性的审美观的变化而变化的，现在的商家也通过每年改变产品的流行样式，利用潮流的力量来激发女性消费者的购买欲望。因为女性对落后于时尚流行趋势是最不能忍受的，而一般的女性消费者对流行的判断就是商家又推出什么新款式，别人都在穿什么，用什么，即存在严重的从众心理。在这方面，知名人物做产品形象代言人也会明显地促进产品的销售。

（3）采用各种名目繁多的促销活动迎合对价格敏感的女性消费者。采用适当的促销手段，增进女性消费者对本企业及其产品的好感，是开拓女性消费者市场的重要途径。价格的影响对女性比对男性大得多，一般来说，女性很少能够抵住降价的诱惑。在市场中进行讨价还价的绝大多数都是女性消费者，一方面出于女人节约的天性，比较有耐心；另一方面由于家庭中大多是女性掌握财政大权，直接控制家庭日常开支。男人"开源"，女人"节流"，这是大多数家庭的理财方式。有些女性一方面会花上几百元上千元买一套时装，而另一方面在菜市场上却围绕几元几角讨价还价、斤斤计较。附赠品正是迎合了女性的这种心理，比如，两个商店的营销策略不同：一家是低价，另一家是高价但有附赠品；女性在没有时间或能力比较两家商品的质量时，很可能认为高价的质量一定好，而附赠品就更吸引了她们。

巧妙应对不同性格的顾客

不同的顾客有不同的沟通方式，在应对顾客的不满情绪时，我们应该从不同商业对象的性格特征入手，有针对性地加以处理。

一、应对喋喋不休型顾客的技巧

当出现一些不妥后，我们的顾客总爱喋喋不休地抱怨，我们可以采用"组合法"让对方实现"软着陆"，让对方的心情放松下来。

顾客："你们真的很差劲，我要投诉你们。我发誓，从此以后再不买你们的产品了！"

经理："您批评的是，我们也在反思服务中暴露的问题，接下来希望您能够听一下我们的意见。不知道目前我们公司能够帮助您做些什么？"

顾客："我的冰箱上个月就出毛病了，打了好几次电话，你们说派人来修,但始终没有人来维修,只希望你们马上给我修好。"

对方并非真的要投诉,只是正在气头上,如果劝说不当,对方会更加反感或不愿意接受调解。

这位经理首先承认了错误,避免了与对方产生直接冲突;然后以诚恳的语气希望对方能够听自己的解释。为了避免对方拒绝,逐步提出意见,让对方冷静下来。通过这种组合法的引导,让对方在心理上接受我们,从而达到消除对方抱怨和愤怒的目的。在这个过程中,不断对上一句话进行解释,让每一句都能得到对方的认同,最终的核心问题也会圆满解决。

二、应对易怒型顾客的技巧

我们经常会遇到易怒型的商业顾客,脾气暴躁是其典型的性格特征,往往没等我们开口解释,对方就开始咆哮。遇到这种类型的商业对象,我们应该保持冷静,不要与对方争执。人们在发怒的时候会失去理智,不愿意听任何的劝解。我们要做的是将他的愤怒平息下来,之后按照正常程序处理就可以了。

顾客:"你们是怎么服务的啊?以后我不在你们这里购置服务器了。"

经理:"对不起,这是我们的错。"

听到顾客愤怒的咆哮,经理没有争辩,并主动承认错误,这可以在一定程度上缓解顾客的愤怒。

顾客:"肯定是你们的错。"

经理:"是的,这次的确是我们的服务不到位,回顾过去的一年，我们的合作是愉快的，但是对我们来说，一百次中即使只有一次失败，那么我们就是失败的。对于这件事，我们真诚地向您道歉。"

经理再次道歉，可以逐步缓解顾客的不满情绪，最后达到让顾客平息怒气的效果。我们在交谈过程中要不断地使用道歉的字眼儿，能够在不知不觉中消除顾客的对立情绪。

顾客："说得倒好听，这次怎么办？"

经理："对于这次事件，我们会依据合约来处理。此外，我向您保证不会再出现类似情况了。这次影响到您的心情，还希望您能够原谅，如果您有什么处理意见，不妨说说。"

顾客此时已经心动了，愤怒的情绪逐渐消退。

顾客："呵呵！我也有难处啊！那就这样办吧！"

最后经理称赞了顾客，这足可以让对方尽弃前嫌，重归于好。

三、应对矜持型顾客的技巧

矜持型的顾客一般不愿透露自己内心的真实想法，交流起来非常困难，因而处理其投诉的难度较大。

顾客："你们的产品有问题啊！"

经理："很感谢您回馈我们产品的信息，在这里我向您道歉。产品哪些方面有问题呢？"

矜持型的商业顾客投诉时，表述非常模糊，不会具体说明情况，而且话也比较少。因此，在没有调查清楚问题之前不要轻易承诺，回复时要表达我们的歉意。

◇ 应对批评型顾客的技巧 ◇

批评型的顾客习惯于指责身边的任何事物，但指责后依旧会与我们合作。他们看待事情的时候，总是带着批判和挑剔的眼光，这类人大多属于完美型性格。

> 价格是贵了点，但是您来看看我们的位置……

> 你们这个价格也太贵了……

> 对于喜欢批评的顾客，我们越是解释或反驳，对方反而批评得也会越厉害，不如我们坦然接受他们的批评，这样更容易获得对方的谅解。

> ……您看这样的解决方案可以吗？

> 对方的情绪平静下来后，我们开始与他谈论"投诉事件"的解决方法，征求对方的意见，并说出我们的解决方法。

爱批评的人会非常积极地谈他的想法和建议，对我们来说，这可以为我们提供"情报"。爱批评的人一旦不再肆意批评，就能够接受他人的意见与建议。

顾客："哦！使用起来不方便。"

经理："具体是什么表现呢？"

顾客："就是不太正常！"

经理："我们派人过去给您检查一下。"

顾客："哦！我最近没时间啊。"

经理："那您把它寄过来怎么样啊？"

顾客："没时间！"

这类顾客一般有着自己的解决方法，但不会轻易透露，其要求比较高，一般令人难以应对。因此在谈话中应避免谈论具体的处理方法，主要以调查问题为主，对方为了达到目的会推三阻四，并找种种借口拒绝接受关于产品问题的检查，这时我们可以加以利用。我们不断地提建议，故意让对方不断地否定，但不要说出解决方案，也不要给对方说出来的机会。

经理："看来您对产品的使用不是很熟悉。这样吧，我们给您发一份产品质量调查报告，我们会在您方便的时候去取，之后我们会进行质量分析，然后给您一份质量报告，初步的解决方案按照这份质量报告来制定。"

顾客："好吧！"

所有的调查提议被对方一一否决，经理提到了调查报告，对于调查报告，对方是不会也不能拒绝的，如此简单的事情还推托的话，自己也无法说服自己。再者，因为此前所有的方法都被他拒绝了，想反悔也不可能了，矜持的人比较在乎面子，所以最终会按照此方案办理。

四、应对优柔寡断型顾客的技巧

这种类型的商业顾客对给出的解决方案总是犹豫不决,倾向于寻找更好的解决方案,有些时候又无法判断究竟该怎么办,总之有种利益受到损害的心理。这种类型的人性格大多是平和型的。

顾客:"这些产品实在不好用,你们说怎么办?"

经理:"嗯,我们给您维修一下。"

顾客:"那它再坏了呢?我不能再打电话吧!"

经理:"没关系的,我们会修好的。"

顾客:"还是有些担心,不是不相信你们,修来修去我嫌麻烦。"

经理:"那给您更新一些零件,不过要收费。"

顾客:"嗯……没必要!"

经理:"那您再交一部分钱,我们给您换台新的?"

顾客:"……"

经理:"这样吧!我们先检查一下,然后再做打算,如何?"

顾客:"好吧!"

我们遇到这样的合作者,在询问未果的情况下可以"自作主张",对方也会同意和接受。

因为每个方案随时都有可能被否决,我们应一步一步解决。

五、应对争辩型顾客的技巧

争辩型的顾客有着较强的逻辑推理能力,总是能抓住我们话语中的漏洞适时发问，可能最终会按照他的意愿解决，否则他永远不会同意我们的方案。这样的人也容易与人争辩，即使错了也不会轻易承认，常常会争吵得面红耳赤。当其投诉时，我们不要与其辩论。这类人大多是力量型性格的人。

顾客："你们的设备只运行了半年，毛病不断，强烈要求换掉。"

经理："出现了这样的问题是我们的责任，您有理由这么要求。"

顾客："你们当初说得真好听，说什么质量一流，看看现在，都快成垃圾了。"

经理："购买前您也调查过我们的产品，说明设备的确不错。目前投放市场的三百多台设备运行正常，只有个别机器有些问题，经过调查，一台是操作不当造成的，另一台是因为某个螺丝松动引起异常震动，使得设备精度下降，还有一台是因为润滑油的原因导致设备故障，此外都没有发现故障。"

我们在说服的过程中要避免空洞的说服，以具体的例子来说明问题，并辅以具体数字，这样更具有说服力。